新しいワタシになる

女子風水

Joshi Fusui

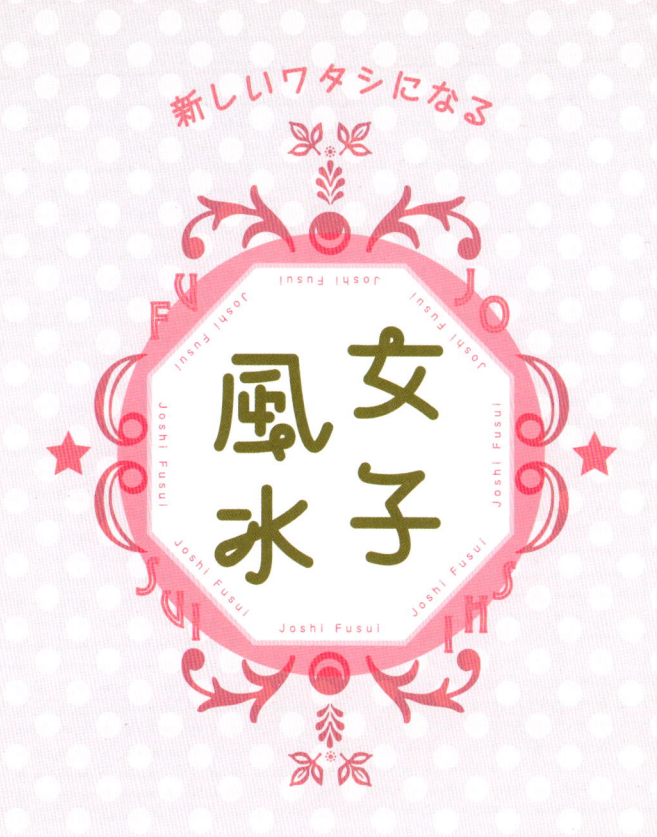

ふー
29歳のお誕生日おめでと〜
ありがとう
パチパチ
小深《こぶか》 真知（29）
web制作会社の事務
でもあんまり嬉しくないけど
どうして？
？
杉山 明日香（27）
webデザイナー
だって仕事はイマイチ貯金もないシ
あわわ
彼とも別れたばかりだし
ダメ男だったケド
ごはんまだ？
コイツ…
…
30円…
BANK
あー…なんでこんなにツイてないんだろ
どよーん…
最近知ったんですけど
どんな部屋に住むかで
運が変わるみたいですよ
そうなの!?
見てくれる人が近所にいるので週末会いに行きましょうよ
間取り図持ってね!!

こんにちは!
真知さんと同じ年齢ですよ 結婚して引越してきたって
いい家~
おまたせしました
はじめまして 水川風美《ふみ》です
きれい~
こんなキレイな人なら 結婚も仕事もうまくいくよね
うらやましい
では早速 真知さんの間取りを見せていただける?
はっ はい
これです
むっ
キラーン
これは…
もしかして恋愛がイマイチとか…
な、なぜそれが…
ドキ
でも大丈夫!
風水で運はつくれるのよ!!
ふうすいって…
あの西に金とか?
?
?

もくじ

第2章　恋愛風水

第3章　食事・金運風水

第4章　仕事風水

人物紹介

小深《こぶか》 真知 (29)

web 制作会社の事務。仕事も恋もダイエットもうまくいかず、ツイてない日々を送っている。

水川 風美《ふみ》(29)

風水師。夫と2人暮らし。普段は温和だが、汚部屋を見ると掃除したくてムズムズする。

杉山 明日香 (27)

真知の後輩でwebデザイナー。素直で明るく、いいと思ったものはすぐにやる直感タイプ。

神崎 直人 (33)

真知の会社の取引先の素敵営業マン。穏やかな性格で仕事もでき、周囲からの人望も厚い。

長谷川 僚 (25)

真知の会社の清掃員。黙々と清掃作業に励み、周囲と言葉を交わすことは滅多にない。

臼井 太郎 (30)

真知の元彼。身なりに気をつかわず、将来のことも考えない典型的なダメ男。

第1章　掃除風水

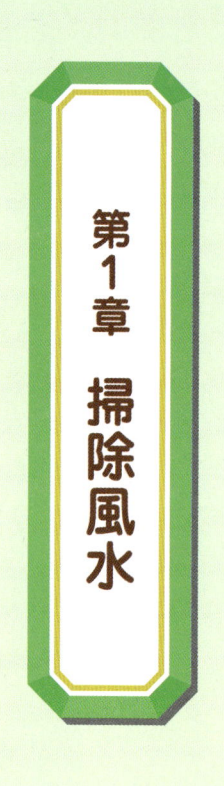

風水の基本は掃除！

部屋を隅々までキレイにして

開運しましょう。

風水を簡単に説明すると
中国で生まれた
気の力で運を上げる環境学なの
中国？
気？？
…といっても
難しいから
たとえば…
この花を日当たりの
いい場所に置いて
毎日水をあげたら？
長くキレイに咲く！
じゃあ
逆に暗い場所に置いて
水もあげなかったら？
すぐ枯れそう…
こんなふうに置く場所で
花の状態が変わるの
人も同じ。どんな部屋で
何を食べて何を着るかで
その人の状態や運が変わるのよ
かわいい服で
女子力上がったり
スーツで
お仕事モードになったり
そうそう！

風水を使うと
自分の欲しい運を
上げられるのよ
恋愛
美容
お金
仕事
私も風水やり始めて
彼ができたんです
そうなの!?
風美さんのレクチャー受けて
すごくワクワクしてきて…
結婚プランも
決めてるんです!!
ばーん
wedding
ドレスとかあ
新婚旅行とか
それは早すぎでは…
オイオイ
ステキよ!!
ううん、そうやって
楽しんで行動すれば
夢もどんどん叶うわよ
でも風水って
ほんとに効くの?
ちょっとねえ…
風水が効く人と
効かない人の違いは
素直に楽しんで
やるかどうかよ

うまく いくかも〜
やってみる
せっせっ
成功!!
なんか怪しいし めんどくさそう
ポリポリ
何もしない
何も起こらない
…
動かなきゃ何も起こらないってことですよね
そうね
夢を叶えるにはその人の努力や行動が大事
風水はその努力を後押ししてくれるものなのよ
気軽に楽しくが開運のコツだから いいものがあれば やってみてね
ふーん
私、方位のこと知りたいです！
ハイ!!
勉強熱心ね〜
もちろんOKよ

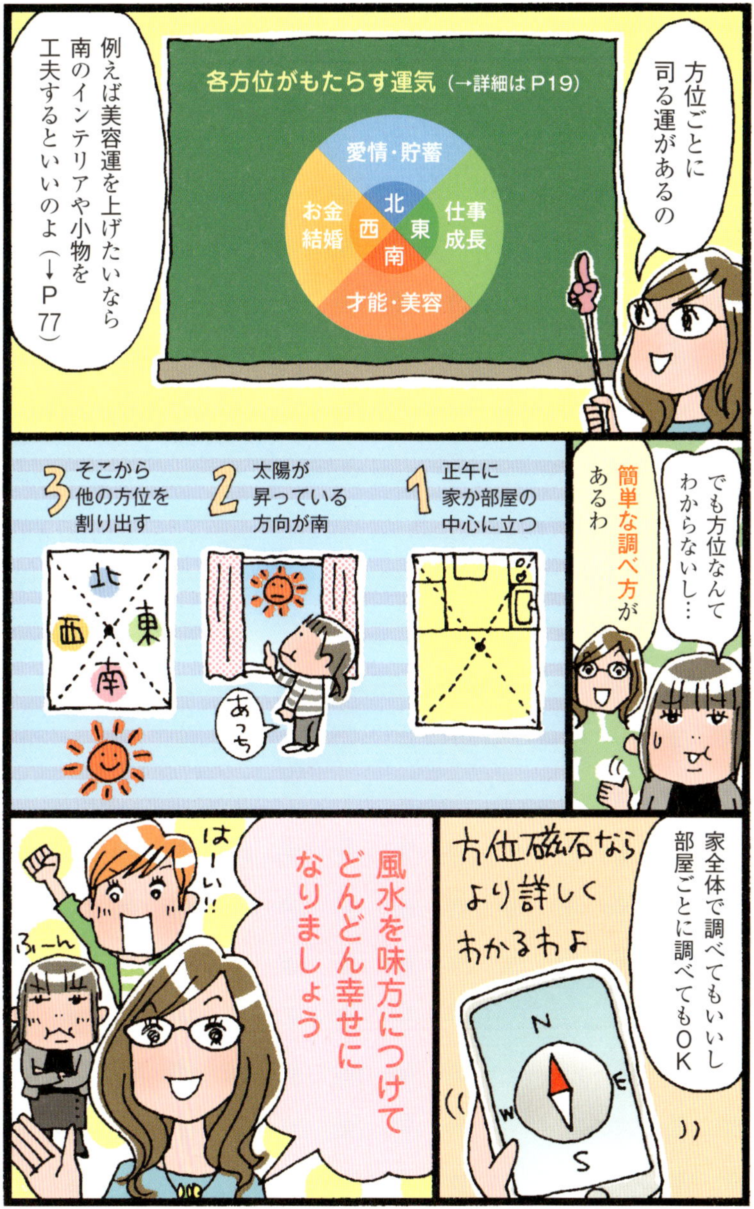
方位ごとに司る運があるの
各方位がもたらす運気（→詳細はP19）
愛情・貯蓄
北
仕事成長
東
才能・美容
南
お金結婚
西
例えば美容運を上げたいなら南のインテリアや小物を工夫するといいのよ（→P77）
でも方位なんてわからないし…
簡単な調べ方があるわ
1 正午に家か部屋の中心に立つ
2 太陽が昇っている方向が南
あっち
3 そこから他の方位を割り出す
北
東
西
南
家全体で調べてもいいし部屋ごとに調べてもOK
方位磁石ならより詳しくわかるわよ
N
E
W
S
はーい!!
風水を味方につけてどんどん幸せになりましょう
ふーん

風水とは？

環境を整え、自分の力で運を上げていく

風水とは、中国に古来から伝わる環境学のこと。自分の周囲の環境を整えることで「気」と呼ばれるエネルギーを取り込み、様々な運を高めようとするものです。日本でも、京都・江戸の町づくりで使われ、現在も建築やインテリアなど、様々なところで活用されています。

風水＝占い？

風水は未来を予測する占いではなく、運を良い方向へ導くもの。たとえ今、ツイてないと思える状況にいても、風水を使って環境や行動を変えていけば運を上げることができるのです。

風水を取り入れながら
努力すると
夢が叶いやすくなるのよ
風水
＋
努力
＝
夢

運は自分で変えられる

運は、持って生まれたものだけで決まるのではなく、自分自身の力で変えることができるもの。自分の運を上げたい時、具体的な方法を示してくれるのが風水なのです。

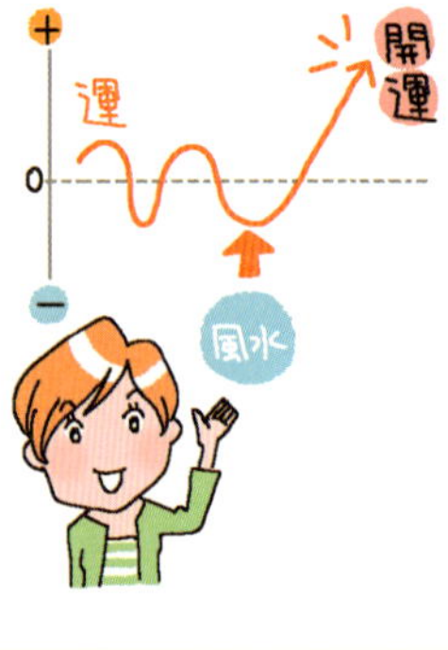

＋
運
0
−
開運
風水

風水を活用するポイント

ポイントを押さえて風水の効果を高め、開運につなげていきましょう。

いい言葉を使えば
運が上がります

生活の全てが運に影響する

住環境はもちろん、洋服や食事、毎日の習慣や行動など、「自分が日々どう過ごすか」で運が変わっていきます。

良い気は幸せをもたらし
悪い気は不幸を招きます

気の流れとバランスが重要

良い気を呼び込み、悪い気をなくしていくのが開運のカギ。陰陽五行（→P16）のバランスが取れていることも重要です。

コツコツと続けていくと
効果が出てきます
1月

時間をかけて開運体質に

運を変えていくには時間が必要。「効果がない」とすぐに判断せず、3ヵ月は続けてみましょう。徐々に開運体質に変わっていきます。

恋愛運重視!!

まずは叶えたいことに効く
風水を取り入れればＯＫ

欲しい運の風水を楽しく活用

全ての開運法をやろうとせず、自分の願いが叶うもの、やりたいと思えるものを気軽に取り入れ、楽しむことが開運につながります。

陰陽五行《いんようごぎょう》について

開運には陰陽五行のバランスが大切

風水の基本に、全てのものは陰・陽と五行を組み合わせた、いずれかの性質に分類できるという「陰陽五行説」があります。性質に優劣があるのではなく、どの性質もバランスよく取り入れることが開運のカギです。

美容運アップには
美容を司る火の気に加え
木の気も増やすと◎

陰と陽について

全てのものは陰と陽のエネルギーに分けられ、それらがバランスを保つことで調和が得られます。一方が優れているのではなく、両方そろって物事が成り立つのです。風水でもこの二つのバランスを取ることが重要です。

陰・陽の一例

陰	陽
女	男
月	太陽
地	天
夜	昼
暗	明
冷	熱

五行とは？

全てのものは「木・火・土・金・水」の五つの気に分けられるという考え方。五行にはそれぞれ影響を与えやすい運があります。欲しい運に属する五行の小物や形、素材を取り入れて運を上げましょう。

五行が影響する運

- 木　仕事・発展・出会い
- 火　美容・才能・地位
- 土　健康・結婚・家庭
- 金　お金・事業
- 水　愛情・フェロモン

五行の相生《そうしょう》・相克《そうこく》図

五行には「相生（一方が一方を育てる）」「相克（一方が一方の力を奪う）」という関係があります。

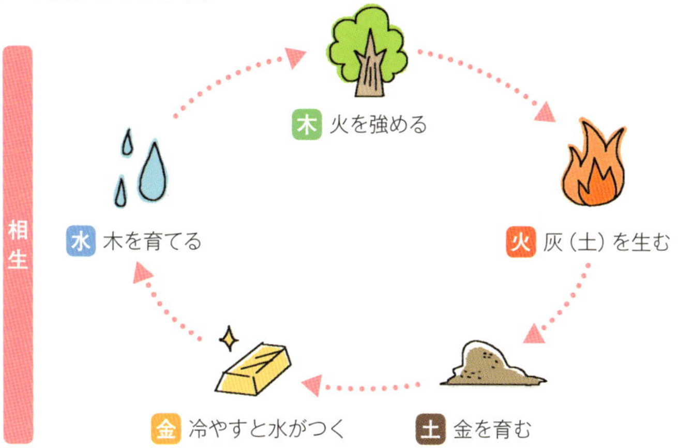

五行を象徴するものは「木＝木製・コットン」「火＝ステンレス・光るもの」「土＝陶器・四角」「金＝貴金属・丸型」「水＝レース・透けるもの」などです。

方位について

方位の運気と五行を知り開運に役立てよう

方位ごとに五行や司る運、相性のいい色が異なります。上げたい運があれば、その方位に合う色や五行の小物を取り入れましょう。ただし、あれこれ取り入れすぎて雑然としては効果がないので、全体のバランスを大切に。

方位磁石で方位を調べる場合は、電磁波の影響がないよう電化製品のスイッチを切って換気し、家か部屋の中心に立ち、手のひらに磁石を乗せて各方位を割り出します。

張り・欠けについて

間取りの一面に対し、出ている部分が1／3未満なら「張り」、1／3以上なら引っ込んでいる部分を「欠け」といいます。張りはその方位の良い運も悪い運も強くなるので、常にキレイに。欠けはその方位の運が欠けます。室内が映るよう欠けの壁に鏡を置いたり、植物を置いて運の補充を。

張り

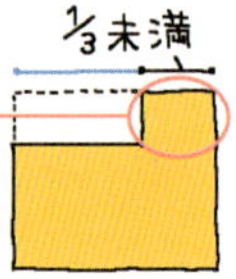

欠け

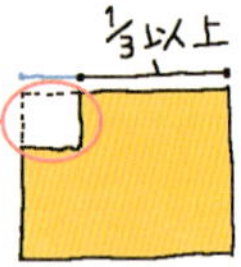

家の中心の出し方

家か部屋（ベランダや庭は除く）の四隅を対角線で結び、交差する点が中心です。張り・欠けがある場合は厚紙に図面を貼り、裏に針などを指してバランスが取れる場所が中心です。

基本

張り・欠け

各方位の司る運と開運カラー・数字

東西・南北を結ぶラインに対し、左右合わせて30°の範囲が北・南・東・西になり、その間が北東・南東・北西・南西になります。

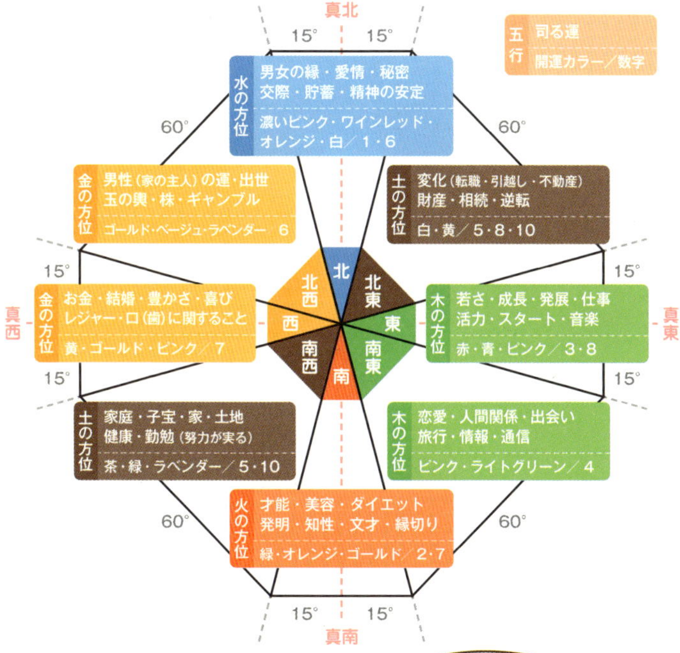

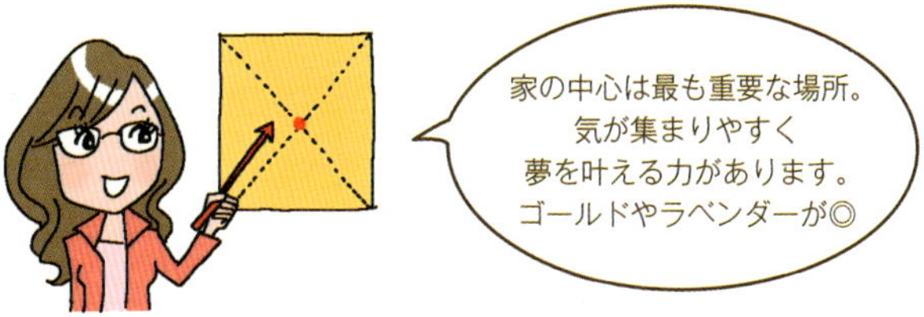

北東は悪い気が流れる「鬼門」と呼ばれますが、実は神様がいる大切な場所。
きちんと掃除すれば、いい変化やチャンスを呼び込めます。

運気上昇！開運アイテム

家の中に良い気を呼び寄せるアイテムで運を上げましょう。部屋をキレイに掃除した後に置くと効果倍増！

小皿の色や形は何でもOK
いつもキレイな状態で
置いておくのが重要

盛り塩

小皿に山形に盛った塩は、場を清め、悪い気を払って良い気を呼びます。悪運をリセットしたい時、いい変化が欲しい時に置くと効果的。

塩・器 化学塩より天然塩が浄化力アップ。器はプラスチックより自然に近い陶磁器がオススメ。方位に合う色(→P19)だとさらに◎。

置き方 塩の量や置く数は自由です。気の入口になる玄関や、気の滞りがちなトイレに置くと効果的。見えない場所に置いてもOK。

交換 置きっぱなしでホコリまみれでは効果がなく、ゴミや汚れと同様に悪運を招いてしまいます。1～2週間に1回は交換を。

捨て方 古くなった塩は水に流すか、そのままゴミ箱に捨てましょう。器も時々変えた方が効果が上がります。

サンキャッチャーを窓につるしてキラキラに

クリスタル

光を反射し、良い気を空間に広げます。窓のない玄関や廊下に良い気をもたらす効果もあり、邪気を払って幸運を招きます。

パソコンの近くに置くと電磁波も吸収

炭

マイナスイオンで気を清浄化。テレビの裏や収納スペースに置くと◎。気のバランスを崩さないよう、かごや和紙を敷いた箱に入れて。

アロマライトなら香りの効果も（↓P120～）

ライト

太陽と同じ役割を果たし、空間に良い気を広げます。玄関や廊下、階段下など、気がよどみがちな暗い場所に置くと運気上昇。特に南東が吉。

ウィンドベル・風鈴

音の鳴るものが東にあると吉。仕事運や活力アップになります。東の玄関に置くと、出会い運も上がります。

1日1回は換気して家の空気をキレイに。自然の力が一番ですが、窓が開けられない場合は空気清浄機や除湿器などを使って。浄水器で水もキレイに。

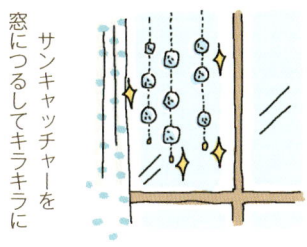

この間の人、変なこと言ってたなー
よっと
明日香、変な壺とか買わされないかね
うわぁ～
どっさー
卒業アルバム
あ?
なつかしーっ
コレ
この頃は私もやせてた
ポリ
ポリポリ
今、風美さんと近くにいて～
これから真知さんの家に行こうかと
え?
ち、ちょっと待って…
ちーすっ
ていうかもう来ちゃいましたー
バーン

これで真知さんも開運…
うっ…
こ…これは…
すごい部屋…
いきなり来ないでよっ
くさ…
ここに開運のカギありね！
キラーン
出たっ!!
風美さんの開運のカギ!!
なに?
まさか変な置物置けとか
それ以前の問題です
これよ！
開運のカギ
まずは徹底的に掃除せよ！
ビシッ

そ…そうじ…？
あら？
そんなこと？って思ったでしょ
部屋の環境は住んでいる人そのものを表すの
汚部屋は運が下がる!!
ガーン
出会いも減る!!
どんどんどん
体脂肪も増える!!
ま…まじかっ
掃除すれば身も心もスッキリ
運も上がっていいことずくめよ
サッサッサー
私もお風呂掃除して肌荒れが治りました（→P76）
つやつや
そうなの!?

掃除で特に大事なのは玄関!!
ぐちゃ〜
いいオトコもお金もチャンスも全て玄関から入ってくるのよ
CHANCE!
泥棒以外はみんな玄関から来るのよ
1 靴を出しっぱなしにしない
基本 住む人の数のみに!!
悪い気が溜まる!!
2 ゴミ・使わないものを玄関に置かない
3 毎日まめに掃除!
水拭きでピカピカにすると完璧!!
まずは徹底的にキレイに!
いいオトコも玄関から
これが風水の大原則よ!

掃除風水

キレイに掃除・整理して良い気がめぐる空間に

風水を実践するにあたって、何より大切なのが掃除。キレイな空間には良い気が流れ、運も上昇します。自分の家・部屋は、日々の行動や食べたもの、身につけたものから生じた運を貯めておく大切な場所。掃除と整理整頓で快適な空間をつくることが、強力な運気アップにつながります。

運の代謝を良くする

運も人の体と同じように、悪いものは出し、いいものを入れる循環が大切です。家に不用なものが溜まっていると、悪運も溜まることに。まずは家にある不用品の整理と掃除から始め、運の代謝を良くしていきましょう。

汚部屋に住むと
体の老廃物も溜まります

バランスと季節感が大事

いくら風水の開運法でも、あれこれやり過ぎて部屋全体のバランスが崩れると運気ダウンに。全体のバランスを考えながら風水を取り入れるようにしましょう。季節感を大切にすると物事のタイミングが良くなります。

季節に合わせて
ファブリックを変えて
プチ模様替えを
春
冬

掃除のポイント

掃除道具はキレイなものを使いましょう。汚れた道具や雑巾には雑菌がついていて、清浄力が弱く悪運を広げることにもなるのでNGです。

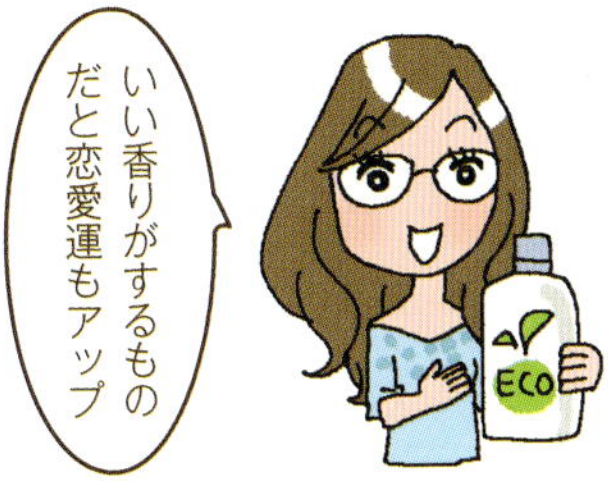
いい香りがするものだと恋愛運もアップ
ECO

天然成分の洗剤を使う

化学系の洗剤は避け、天然成分のものを使いましょう。重曹やクエン酸配合の洗剤が浄化力も高くオススメです。

こまめに水拭きをする

気の清浄化に一番効果的な水拭きを積極的にしましょう。その際、水に塩や重曹をひとつまみ入れると浄化力アップ。

つかれた〜

午前中から取りかかる

発展の気に満ちた朝に掃除すると集中力が高まり、良い気も取り込めます。夜は停滞・休止の気で、はかどらないこともあるので注意。

音楽を聴きながら掃除するのもOK

楽しんで掃除する

嫌々やると、その嫌な気を空間が覚え、運が下がります。「これで自分の運が上がる」とイメージしながらやると開運効果もアップ！

お風呂･洗面所は恋愛運、トイレは健康運、キッチンは金運につながります。特に女性はこれらの水場をしっかり掃除すると、全ての運がアップします。

掃除風水❶ 玄関

全ての運の入口 いつもキレイに明るく

玄関は気の入口で、全ての運と縁を司る大切な場所。汚れていると良い気が入らず、家の中に悪運が溜まり、いい出会いや出来事に恵まれません。最近ツイてないと思ったら、まずは玄関の掃除を。細かなところまでピカピカにすると、運を好転できます。

玄関と家の中心を
つなぐラインは
「幸せの通り道」
ここをキレイにすると
運が上昇します

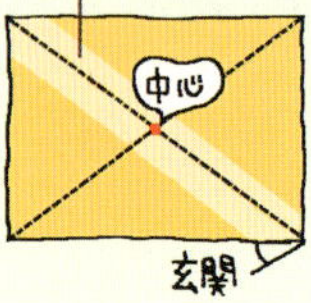
中心
玄関

玄関にゴミを置かない

ゴミを玄関に置くと、悪い気が溜まり運気ダウンに。ゴミはすぐ捨てるようにしましょう。どうしてもゴミを置かなくてはいけない時は、ふた付きのゴミ箱に入れたり布をかけるなどして見えないように。

ゴミ出しをしたら
きちんと手を洗って
悪い気を落としましょう

靴はきちんとしまって

玄関に靴が出しっぱなしだと、その数だけ縁をつぶすことに。また、季節に合わないブーツやサンダルが出ていると、チャンスを逃してしまいます。出しておくのは住む人の数までにし、その他は磨いて片付けましょう。

靴の裏をキレイに
拭いてからしまうと
悪い運も落とせます

玄関の掃除ポイント

玄関は出入りの度に悪い気が床に落ちるので、こまめな掃除でキレイに。毎日やるのがベストですが、難しければ週に一度を心がけて。

古い歯ブラシで
溝もキレイに

床を磨いて運気アップ

床のホコリを掃き、水拭きすると悪い気が落ち、良い気を呼び込むことができます。塩・重曹を入れた水を使うとさらに効果あり。

軍手をはめてドアノブを
磨くとキレイに

ドアとドアノブも水拭きを

内側、外側の順でドアを水拭きすると運気アップ。ドアノブをキレイにするとチャンスを招くので、濡らして絞った軍手で隅々まで磨いて。

下駄箱は湿気とホコリに注意

炭や重曹を置いて浄化し､週に一度、扉を開けて換気をしましょう。古い靴を捨てると新しい出会いが来ます。靴は色や素材で分けると◎。

ダンボール・古新聞は
悪い気を吸い込みます

不用品を置かず、スッキリと

玄関が物置になると運が下がるので､いらないものは片付けて。ペットのトイレも悪い気が溜まるので玄関には置かないように。

靴底は外からの悪い運がつきやすい場所。運が悪いと感じたら床と一緒に1週間続けて水拭きをすると強力な運気アップに。下駄箱の中も塩水で拭くと◎。

玄関の開運インテリア

心地よく、キレイで明るい玄関だと良縁やチャンスに恵まれます。玄関マットは開運アイテムですが、狭い玄関なら無理に置かなくても OK。

日光に当てると
悪い気がクリアに

玄関マットをいつもキレイに

外から悪い気が入るのを防ぎます。麻や綿などの天然素材で、八角形・円形で洗いやすいものがベスト。季節のモチーフが入っていると◎。

明るい照明で陽の気を増やす

暗い玄関は金運もダウン。照明の電球を明るくし、フロアスタンドなどで光をプラスすると、良い気と縁を招く家になります。

良い傘を大事に使うと
恋愛運がアップ

傘立ての扱いに注意

濡れた傘が玄関にあると運気ダウンになるので、傘立ては玄関の外が◎。使っていない傘はしまい、壊れた傘や使わない傘は処分を。

定着を表す鉢花より
切り花の方が恋愛運に◎

生花を飾って運をつかむ

生気のある花を飾ると良縁に恵まれます。また、花と同じ色の小物を家の中心に置くと、色がリレーされ幸せもスムーズに入ってきます。

玄関を開けた正面に鏡を置くと、悪い気だけでなく良い気もはね返します。鏡を置く場合は、玄関を開けて右だと財運アップ、左だと仕事運アップに。

方位別・玄関の開運ポイント

部屋はどの方位にあるかで開運ポイントも変わります。気の入口になる玄関はいつもキレイにし、方位に合う開運アクションで良い気を招いて。

北	水の気で冷えやすい方位。暖色系（濃いピンクやオレンジ）の玄関マットや小物、照明を使って、温かく明るい雰囲気に。	北東	変化を呼ぶ方位。汚れを嫌うので掃除や消臭をしっかりし、白で統一。季節感のあるものを置くと開運に◎。
東	若さや発展の方位。ナチュラルなインテリアがオススメ。ウィンドベルなど、キレイな音が良運を招きます。	南東	縁を司る方位なので、香りや花を使っていい出会いを招きましょう。香りはフローラル系がオススメ。
西	金の気を持つので、実りをイメージする色や小物を使うと◎。玄関マットや小物を丸い形にすると、金の気がさらに高まります。	北西	男性の運や仕事運に関わる方位。上質なマットや雑貨、ワンランク上の植物など、ゴージャスなものを置くと◎。
南	美を司る火の方位なので、センスよくまとめるのが大事。植物やクリスタル、光る素材が吉。	南西	土の気を持つので、床を水拭きすると家庭運アップ。特に四隅に悪い気が溜まるのでしっかり掃除を。小物は茶色、陶器がオススメ。

玄関の汚れは、ケガやトラブル・事故などを招きます。自転車やベビーカーの車輪が汚れたまま置かれているのもNG。玄関以外の場所に置きましょう。

掃除風水❷ リビング

くつろぎの空間で良い運をチャージ

リビングは家庭運・社交運を司り、安定の運気をもたらす場所。才能アップにもつながるので、明るく広々とした空間にするのがポイントです。視界に入るものが運にも影響するので、キレイに掃除し、生気のある植物などを置きましょう。また、リビングは土の気を持つので、座る環境を整えると様々な運が補充できます。座り心地がいいソファやクッションを置いて運を上げましょう。

部屋の四隅をキレイに

リビングの持つ土の気は、部屋の四隅から生じます。掃除しても四隅が汚いままでは、そこに溜まった悪運が空間に広がることに。四隅をキレイにすると運の土台が安定する効果もあるので、忘れずに掃除しましょう。

大きな家具がある場合は
家具の中をキレイに

使わない家電に注意

美を司る火の気を持つ家電。それが使われず放置されていると肌荒れや吹き出物が出やすく、老けた印象に。使わないものは処分かリサイクルに。また、家電の裏のホコリは悪い気を出すのでしっかり掃除を。

家電の裏の汚れは
美容に悪影響

リビングの掃除ポイント

色々なものが溜まりやすいリビングは、こまめに掃除機をかけ、ゴミと一緒に溜まった悪運を取り除くことが大切。部屋の隅までしっかりと。

古新聞・古雑誌を溜めない

読み終えた新聞や雑誌はゴミと同じ。放置しているとホコリと一緒に悪運も溜まり、悪循環を招きます。すぐに捨てましょう。

人形・ぬいぐるみをキレイに

人形が汚れていると運気ダウンのもとに。出会い運も下がるので、いつもキレイにし、お気に入りのものだけを置くように。

コードはホコリを取って整理

軍手でなでるとホコリがよく取れます。からまったコードは良縁を邪魔するので、コードリールでスッキリまとめましょう。

重曹を使うと運の再生力がアップ

壁もキレイに水拭きを

壁も様々な気を吸収するので、定期的に水拭きを。上から下、暗い方から明るい方へ向かって拭くと運をリセットできます。

空間に風の気をもたらすエアコンのフィルターが汚れると、人間関係に悪影響。フィルターはまめに掃除し、キレイな風の気がめぐるようにしましょう。

リビングの開運インテリア

木製の家具や陶器の花瓶など、自然に近いものはリラックス効果あり。メタリック素材やモノトーンが多いと、恋愛運・家庭運が下がるので注意。

ソファをベッドにすると運の補充ができません

清潔でくつろげるソファを置く

自分の運を預けるソファが汚れていると、悪い気を吸収するので注意。洗いやすく、季節ごとに替えられるカバータイプがオススメ。

変化が欲しい時は色々な形を置いて

クッションで運を補充

自分に足りない運を補充できます。季節に合った素材やデザインにするとさらに効果的。偶数がよく、4 個置くと良縁につながります。

画面や裏のホコリはまめに拭き取って

テレビ付近には植物を

自然に目がいくテレビ付近に植物を置くと、良い気が得られます。強い電磁波を緩和できるよう、テレビのそばには自然素材の小物を。

主張の強い色や柄は気が落ち着かないので注意

カーテンで運気アップ

広い面積を占めるカーテンは、運に影響大。方位や欲しい運に合う色（→ P19・98 ～）にし、汚れたらすぐ洗いましょう。

モノトーンの家具は停滞・休止の気が強く、やる気・行動力ダウンのもとに。カバーをかけたり、明るい色のクッションで停滞の気を和らげて。

方位別・リビングの開運ポイント

リビングは才能を左右する場所。方位によるポイントを押さえ、統一感のあるインテリアでまとめましょう。

北	暖色系のインテリアで、水の気による冷えを和らげるのが重要。暖色系のラグなどで足下から温かくしましょう。	北東	土の気の方位。四隅をしっかり掃除し、炭などを置いて清浄に。色は白が一番オススメ。白×黄のチェックのファブリックを使うといい変化が得られます。
東	木の気を持つので、ナチュラルな木製の家具や天然素材のクッションなどが◎。オーディオやテレビをリビング内の東の方に置くと、良い運が得られます。	南東	木の気の方位で、風通しよくすると良縁が得られます。クッションカバーやカーテンなど、布にこだわると運気アップ。
西	金の気を持ち、ヨーロッパ調のインテリアと相性が◎。丸みを帯びた家具も、運気向上に効果あり。	北西	主人の方位なので、その家の主人が心地よく過ごせる空間に。高級感のある家具を取り入れると、金の気が高まり、出世にもプラス。
南	シンプル・モダンな雰囲気でまとめ、クリスタルやガラス製の小物など、光るものを置くと運気が倍増。	南西	土の気で安定感を好むので、低くどっしりとした家具が◎。アジア風・和風のインテリアがオススメ。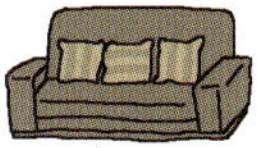

金属やガラスの多用、モノトーンの色づかいは運気ダウン。ソファやラックなどの大型家具をリビングの入口に置くと、良い気が入らないので注意。

掃除風水❸ 寝室

寝室の環境を整えると良い運が補充できる

1日の1／3近くの時間を過ごす寝室は、運を再生・補充する大切な場所。寝ている間に、昼間溜め込んだ毒素や悪い気を出し、新しい運を吸収する作用があります。

眠りの質が良いと、それに伴って運も良くなっていきます。清潔で快適な空間をつくり、快眠と良い運を得られるようにしましょう。

ベッドで食事などはNG

1人暮らしでリビングと寝室の区別がなく、ベッドの上で食事したりテレビを見たりしていると、あらゆる運がダウンします。1人だからと気を抜かず、家具の用途に合う過ごし方をして運をキープして。

ベッドでの食事は
周りを汚し
運も落ちるので×

寝姿を鏡に映さない

寝姿が鏡に映ると、睡眠時に自分が吐き出した悪運がはね返り戻ってきてしまいます。すると運が再生されず、疲れやすくなることも。睡眠時、鏡は寝姿が映らない場所に移動させるか、布をかけるようにしましょう。

寝室の掃除ポイント

睡眠中に人は悪い気を出し、良い気を吸収します。起きている時より周囲の環境の影響を受けやすくなるので、寝室はいつもキレイに。

寝具の湿気を取り、清潔に

布団やシーツをしっかり乾燥させると、気のバランスが取れます。日に当てたり、乾燥機を活用していつもキレイに。

一晩でコップ一杯の汗をかくのでまめに洗濯を

1週間、毎日シーツを替えると運が好転し、チャンスや強力な運に恵まれます。枕カバーだけでも毎日取り替えると効果があります。

ドライフラワーや毛皮など死んだ気のものを置くのは厳禁

ベッドの下は整理しスッキリと

ベッドは自分の運を交換する場所。下にはものを置かない方が掃除もしやすく◎。収納に使う場合も、衣類や寝具程度にとどめて。

ベッド付近はいつもキレイに

睡眠中、体から吐き出された悪い気はベッドの下に落ちます。こまめな掃除でホコリと一緒に悪運も取り除き、キレイな状態を保って。

寝室の開運インテリア

日光が入りにくい寝室は、ライトで明るさの調節を。寝苦しい寝室はイライラや不調の原因にも。エアコンで夏は涼しく、冬は暖かくしましょう。

方位・欲しい運に合う色を使う

恋愛運アップはピンク、リラックスはベージュ、リフレッシュはパステルブルーが◎。黒は活力がダウンし、目覚めも悪くなるので注意。

ファブリックの柄に注意

カーテンやベッドカバーなどが幾何学模様だと、気が乱れやすくなるので注意。カーテンは夕方には閉め、寝室を休ませましょう。

ベッドは部屋の壁に平行に

斜めに置くと運が吸収されにくくなるので×。また、部屋の中心は一番パワーが強いので、そこにベッドや布団を置くのもオススメ。

ベッドが梁の下だと悪夢にうなされます

畳には布団、フローリングにはベッドがオススメ。フローリングに布団を敷きたい場合は、床の汚れた気を吸収しないようラグやマットレスを敷いて。

方位別・寝室の開運ポイント

シーツやカバーなど、空間にファブリックが占める面積が大きいので、方位に合わせた色や素材を取り入れると運気アップに。

北	水の気で冷えるので、ラグマットで足下を温め、間接照明でやわらかな雰囲気に。クラシックや水の音を流すと快眠に。	北東	土の気を持つ方位。まめな換気、空気清浄機や炭などでキレイな空気を保つと開運に◎。シーツは白で統一し、アクセントとして黄を加えるのがオススメ。
東	木の気なので、木製の家具、上質なコットンやリネンを使いましょう。アップテンポな音楽で目覚めると1日の活力アップに。目覚まし音も大きくしてOK。	南東	風通しよくすると、縁の運気がアップ。いい香りを使うと人間関係が良好に。色はピンクやライトグリーンが◎。
西	丸みを帯びた家具や、ガーゼ・シルクを使うと、金運や豊かさにつながります。色はアイボリー・黄がオススメ。	北西	上質な寝具を使うと金の気が高まり、仕事運もアップ。金糸が入ったファブリックなど、ゴールドをうまく取り入れてゴージャスな雰囲気にすると運が上がります。
南	火の気が強いので、植物を置いてバランスを取りましょう。ファブリックはコットンなどの天然素材を使うと運気アップに。	南西	ローベッドや布団など、低めの寝具にすると土の気がアップし、努力が実りやすくなります。色は茶・ベージュが◎。

折りたたみ自転車やダイエット器具など、「動」の気を持つものを寝室に置くと、ケガや病気を招くことに。余分なものは置かないようにしましょう。

捨て方風水

悪い気を出す不用品は早めに処分を。お清めに塩・日本酒を振り、思い出に感謝しながら捨てると良い運が得られます。

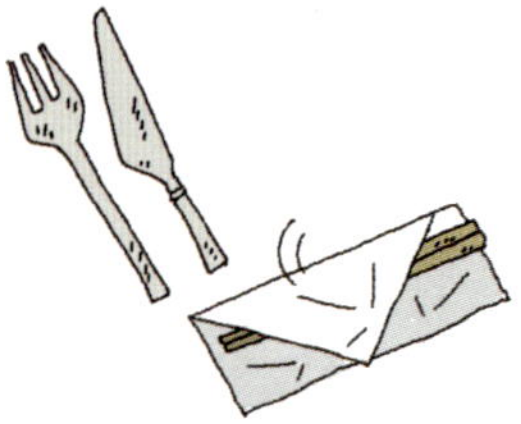

箸・カトラリー

古い箸は家庭運や金運に悪影響。紙で包んで捨てると運が補充できます。古いナイフやフォークを新品に替えると、家庭運アップ。

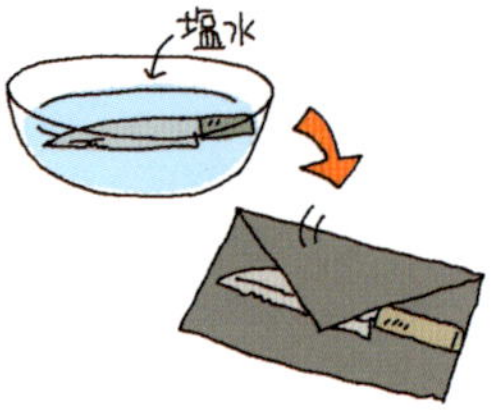

刃の欠けた包丁

金運ダウンにつながるので、塩水につけ、シルクか黒っぽい布に包んで雨の日に処分を。借金や負債がある場合は晴れの日に捨てて。

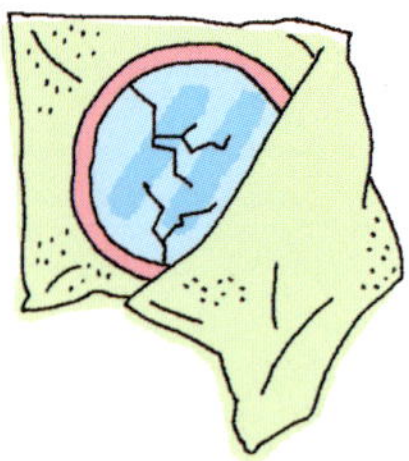

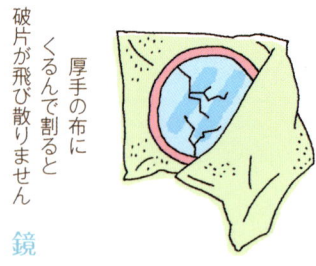

厚手の布にくるんで割ると破片が飛び散りません

鏡

塩水で絞った雑巾でキレイに拭き、白い布や光沢ある布でくるんで捨てます。少し割ってから捨てると、悪運をリセットできます。

神社・お寺に焚き上げをお願いするのも◎

人形

顔が汚れていると、自分の容姿に悪影響。顔をキレイに拭き、通気性のいい布や和紙で包んで、他のゴミとは分けて捨てましょう。

不用品や古いものには悪い気がこもります。基本的には、晴れた日の午前中に捨てると、強い火の気で悪運がリセットされ、新しい運に恵まれます。

早く縁を切りたい人は紫系の紙か布にくるんで捨てて

元恋人の写真

新しい出会いの妨げに。1枚なら半分に折り、複数なら映っている面同士を合わせ、白い布か紙にくるんで晴れた日の午前中に処分を。

大事な手紙は通気性のいいかごに収納を

手紙・郵便物

いらない郵便物を放置すると、縁の気が滞ります。よくない内容の手紙や好きでない人からのものはシュレッダーにかけましょう。

古い新聞・雑誌を溜めるとチャンスを逃すことに

書類・本

古い紙類は若さや成長の運を奪い、仕事運ダウン。女性は老けた印象になることも。必要な部分だけ切り抜き、溜めずに処分を。

いらない箱

使っていない箱はゴミと同じで運を下げます。特にプラスチック製品は悪い火の気が強いので、すぐに捨てましょう。

財布や包丁など、「金」に関するものは雨の日に捨てましょう。つながりの性質を持つ水の気の効果で、新しい金運につなげてくれます。

カチ
ふー
ピンポーン
やっとここまでキレイになった
また来ました〜
すごい!!
キレイになってる〜
私だってこの位できるわよ
フフン♪
これできっといいオトコが…
真知さーん
うふふ
いえ、まだよ
キラーン

真知さんの開運にはまだできることがあるわ
これよ!
開運のカギ
ダメ男を引き寄せる北西のお風呂に注意!!
どーん
真知さんの間取りを見て思ったの
北
玄関
おふろ
キッチン
トイレ
西
東
リビング
南
北西は家の主人や男性の運を司る場所
仕事部屋には最適だけど…
そこに厄落としのお風呂があると…
ザブーン
まって〜
いや〜
運も流れちゃうのよ!!
運
運
運

ちなみにこういう間取りだと何か一つ足りないオトコが来るわ
優しいけどプーとか
ステキだけど
既婚とか
あー…
ハイハイ
真知さんの彼はみんなダメ男だった…
なによっ
ぷく
そそそうだけど
じゃあ、この部屋のせいで私は…
うう…
立って真知さん
ううん この部屋のせいじゃないわ
そもそも恋愛運が落ちてる人は恋愛運が良くない部屋を選んじゃうのよ
あ…とどめ…
ガン
恋愛運のないオンナ

でも、お風呂は動かせないし…
引越し費用もないし…
大丈夫！
そんな間取りでも風水を使えば運は変えられるわ
1 まずは徹底的に掃除！
2 ゴージャスにする
質のいいシャンプーなどを使う
3 キンピカにする
金糸入りタオルなど
私のお風呂は北東にあるから…
それに合う色や小物（→P49）を使えばOKよ
部屋×方位で運気アップよ
おそうじおそうじ
ゴシゴシ

掃除風水④ お風呂・洗面所

日々の厄を落とす場所
掃除と換気で清潔に

1日の疲れを癒やし、体をキレイにするお風呂と洗面所。水の気で健康運・金運・愛情運を左右し、美容にも大きな影響を与えます。

湿気が溜まりやすく、運気ダウンにつながりやすいので、換気が重要。日々の体の汚れを落とす場所だからこそ「使ったらすぐに掃除」を心がけ、清潔な空間をキープしましょう。

湿気やカビ、水垢に注意

湿気やカビ、水垢などの汚れは、大きな運気ダウンに。カビはシワや乾燥肌、水垢は容姿のイメージダウンにつながります。入浴後は汚れを拭き取り、窓を開けるか換気扇を回してしっかり換気しましょう。

タオルをつけた
フローリングワイパーで
壁の湿気を取って

鏡を磨くと美容運アップ

風水では、鏡に映るものが女性の容姿に反映されます。部屋を掃除して家じゅうの鏡をピカピカに磨き、常にキレイにすると美容運が大きくアップ。鏡は上から下に拭き、使う度に磨くのがオススメ。

お風呂・洗面所の掃除ポイント

水場の悪い気は金運・愛情運を落とし、美容や健康にも悪影響。水場の気を清浄にしてくれる重曹で掃除するのがオススメ。

浴槽に冷水をかけて
タオルで拭くとカビ防止にも

入浴後、お湯を抜き浴槽を拭く

残り湯には体から出た汚れが溜まっているので、悪い気が家に広がる前に流して。その後、換気扇を回しながら浴槽を磨くと金運アップ。

脂肪
貧乏

キレイな排水口でデトックス

排水口が詰まると体の老廃物も詰まり、太りやすくなります。金運にも悪影響。入浴後はすぐ掃除し、排水口も体の代謝もスムーズに。

洗面台、蛇口をキレイに磨く

洗面台は水垢が溜まらないよう、使った後にサッと拭くと美容運アップ。歯ブラシを使うと蛇口まわりもキレイに磨けます。

CARE
試供品は早めに
使うか処分を

古くなったケア用品は処分

古いケア用品が溜まると、悪い気が出て老けやすくなります。古いものは処分し、すぐに使わないものは棚などに保管を。

お風呂・洗面所の開運インテリア

水場の気のバランスを崩す強い原色や黒は避け、白やパステルカラーでソフトな空間づくりを。

フェイスタオル・
バスタオルの順で
腰より低い位置に収納

質感のいいバスタオルで清潔に

入浴後に体を拭くのは、最後の厄落とし。肌触りのいいタオルを使いましょう。古いタオルは悪い運を体につけてしまうので処分して。

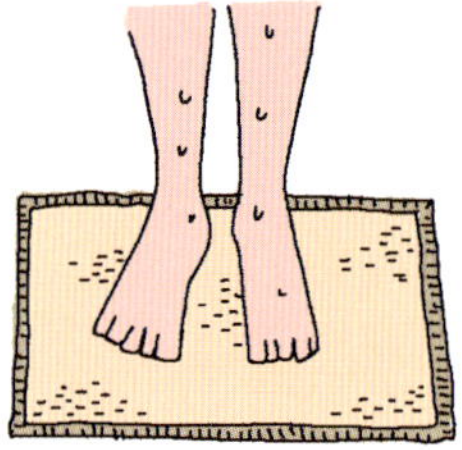
コットンや麻など
天然素材がオススメ

バスマットから運を吸収

人は足で踏むものから運を得ます。特にお風呂から上がってすぐ踏むバスマットからは、より強く気を吸収するので、洗濯をまめにして。

ソープディッシュは
水切れのいいものを

バス用品はボトルに詰め替え

陶器やガラスのボトルで統一感を。方位に合う色・素材 (→P 19・49) を使うと◎。窓がないお風呂は紫系でまとめると恋愛運・結婚運アップ。

金運を司る歯ブラシは
棚の中に収納するか
陶器の器に入れて

小物をまとめ洗面台をキレイに

ケア用品の散乱は大きな運気ダウン。洗面所の棚やシンクの下に収納したり、小物を一つの容器にまとめ、整理しましょう。

汚れた洗濯物からは悪い気が広がるので、すぐに洗濯しましょう。洗濯できない時はふた付きのカゴに入れたり、布をかけて目隠しを。

方位別・お風呂と洗面所の開運ポイント

お風呂や洗面所が汚れると、その方位が司る運も流してしまうので注意。相性のいい色や小物を取り入れ、運が上がる空間にしましょう。

北	水の気が強くなり、活力低下や停滞の恐れも。水の気を吸収する植物を置いて緩和を。ピンクなど暖色系の小物を置くのも◎。 	北東	キレイに掃除し、小物は白や黄・四角い形にするといい変化が得られます。汚れが溜まるとケガなどを招くので注意。
東	木の方位とお風呂の水の気が調和し、運気がアップ。植物を置くと、悪い気の侵入を防げます。	南東	換気をして、風通しのいい空間を心がけて。入浴剤やシャンプーなどで香りを楽しむと出会い運アップ。 
西	汚れると金運を流してしまうので、しっかり掃除して金運のキープを。黄・山吹・ゴールドの色を取り入れるとさらに◎。 	北西	家の中心の次に大切な場所。徹底的に掃除し、質のいい雑貨でゴージャスな雰囲気にすると、仕事運・出世運アップにつながります。
南	お風呂の水の気が、南の火の気を弱め、美容運・才能運に影響を与えます。植物を置いて補うと◎。緑色の小物でも OK。	南西	土の気で水が汚れやすい方位なので掃除はこまめに。陶器の小物を使い、1色でまとめて落ち着いた雰囲気にすると◎。 

床にシャンプーなどを直接置くとカビが発生しやすくなり、運気ダウンや体調不良に。ラックなどに入れ、乾燥しやすく掃除しやすい環境にしましょう。

掃除風水⑤ トイレ

明るく・清潔を心がけ健康運を上げよう

トイレは、家の中でも特に悪い気が溜まりやすい場所。他の場所以上にしっかり掃除し、インテリアを整えて運気アップしましょう。花や盛り塩、アロマの芳香剤で悪い気を抑えるのも効果的。また、トイレ＝金運を司る場所と思う人も多いのですが、実は健康運を司る場所。健康→元気に働ける→収入アップ（金運）という流れになっているのです。健康のためにもトイレはいつもキレイにしましょう。

ふたを必ず閉める

便器は排泄物を出す場所で、悪い気が溜まりがち。そのふたが開いていると、悪い水の気が空間に広がってしまいます。家に入ってきた良い気も便器の汚水に溶けて流れ、大きな運気ダウンにつながるので注意。

悪臭も広がるので
ふたは必ず閉めて

トイレに長居はNG

トイレは悪い気がつきやすい場所なので、長居は禁物。特に木の気を持つ本や本棚をトイレに持ち込むと、悪い水の気を吸収して発展運や成長運を妨げることに。トイレに余計なものは持ち込まないようにしましょう。

1月
COMIC

カレンダーや時計を置くのも
健康運にダメージを
与えるので注意

トイレの掃除ポイント

悪い気は下の方にこもりがち。毎日か最低でも週に一度、塩入りの水や殺菌効果のある洗剤で拭き掃除をすると、強い浄化効果が得られます。

トイレの運気を握る床は念入りに

塩や重曹をまいてから、雑巾か使い捨てシートで拭くと悪い気がクリアに。四隅やシンク下もしっかり拭き、ホコリを取り除いて。

便器は拭き忘れがないように

隅々まで拭き、奥までピカピカに磨きましょう。汚れた場所に重曹をかけ、少し置いてからブラシでこするとキレイに。

頑固な汚れにはトイレットペーパーを貼り、洗剤をかけます。しばらく放置すると洗剤が染み込み、ブラシでこすると汚れが落ちやすくなります。

棚に布で目隠しして収納しよう

古い掃除道具は悪運のもと

古い掃除道具を使うと、取り除いた悪運を再びトイレにつけることに。道具も定期的にチェックし、古くなったものは捨てましょう。

トイレットペーパーはきちんと収納

紙は気を吸収するので、トイレットペーパーを出しっぱなしにするとトイレの悪い気がつきます。トイレ内の目隠しをした場所に収納を。

トイレの開運インテリア

お風呂と同じく、白やパステルカラーで明るい空間に。トイレは狭いので、統一感のあるマットやカバーでまとめ、余分なものは置かないように。

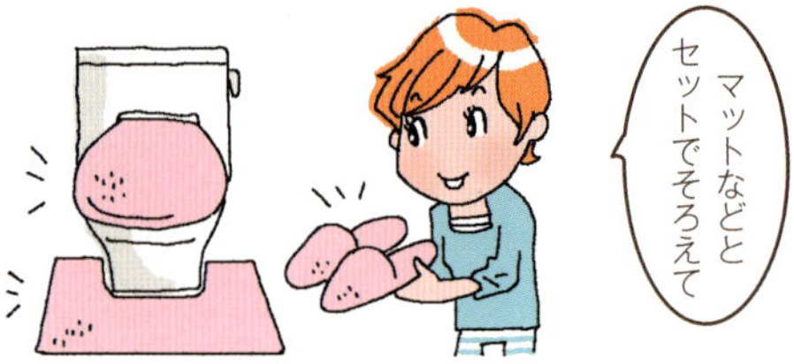
カバーなどの交換は
半年に一度がベスト
マットなどと
セットでそろえて

マットやカバーをそろえる

同シリーズのものを使い、明るさと温かみをプラス。黄（金運）・アイボリー（健康運）・ピンクやオレンジ（恋愛運・対人運）がオススメ。

トイレ専用のスリッパを用意

部屋用のスリッパをそのまま使うと、トイレの悪い気を他の部屋に広げてしまいます。必ずトイレ専用のものを用意しましょう。

黒やアニマル柄は健康運ダウンに。ユニットバスの場合、湿気がこもらないようにするのが第一なので、ジメジメするならカバーは外してもOK。

カゴにポプリを
入れるのもオススメ

高さを変えて飾ると
変化の気が生じ効果アップ

消臭し、天然の香りで満たす

天然の香りを使うと健康運・金運・愛情運アップ。シトラス系やグリーン系、ラベンダーが◎。化学的な芳香剤は悪い気を生むので避けて。

生花や写真で陽の気をアップ

生気のある花や植物を置くと、悪い気が抑えられます。写真やポストカードでもOK。自分の写真を飾ると健康運が下がるので注意。

方位別・トイレの開運ポイント

トイレがどの方位にあるかで影響する運も変わります。掃除を特にしっかりし、相性のいいインテリアで快適な空間に。

北	水の方位で冷えやすく、愛情運や貯蓄運に影響。マットやカバーは温かな素材のものを。ピンクやオレンジなど、暖色系が◎。	北東	土の方位に水の気のトイレは特に汚れやすいのでしっかり掃除し、盛り塩や炭を置いて空気を清浄に。色は白がオススメ。 
東	木の気を持つので、植物を置き、マットやカバーを赤や青でまとめると発展運アップ。素材はコットンがオススメ。 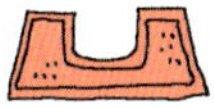	南東	人間関係を司る方位。悪臭は恋愛運・対人運を下げるので、しっかり消臭を。色はピンク・ライトグリーンなどを使って。花柄も◎。
西	金運を司る方位なので、汚れると大幅に金運ダウン。特に水垢に注意。色は黄・ピンク・アイボリーがオススメ。	北西	仕事運や男性運の方位で、汚れると運を流します。掃除して上質な雰囲気に。家で一番高級なスリッパを使うと運気アップ。 
南	火の方位なので、トイレの持つ水の気とバランスが取れるよう、植物を置いて。グリーン系でナチュラルにまとめると◎。 	南西	土の気を持ち、安定感を好みます。茶・ベージュの落ち着いた色でまとめ、植物（土のあるもの）を置くと家庭運などがアップ。

マットやカバーは臭いがつきやすいので、まめに洗濯して替えましょう。白いタオルやマットは、病気のもとになる悪い気が溜まりにくくなるので◎。

掃除風水❻ キッチン

家の金運を左右する場所 道具や食材の管理が大切

キッチンは「食」を扱い、豊かさをもたらす場所。キッチンの状態で、その家の金運が決まります。

また、火の気のコンロと水の気のシンク・冷蔵庫が並ぶため、気のバランスが乱れやすく、恋人や夫婦関係に影響を及ぼすことも。調理道具や食材など、多くのものが集まる場所なので、不用品がないかまめにチェックし、いつもキレイで清潔にしましょう。

植物で気のバランスを

コンロとシンクは、火と水の気が接し、金運ダウンのもとに。間に植物や果物・緑色のものを置くと、木の気でバランスが取れます。植物を入れる器は陶器などの自然素材がオススメです。

不用な食材を溜めない

古い食材・調味料は悪い気を吸収し、様々な運を逃します。それでつくった食事にも悪い気が宿るので、不用な食材や調味料はすぐに捨てましょう。また、新鮮な食材でも冷蔵庫内が汚いと金運ダウンにつながるので、冷蔵庫もキレイにしましょう。

古い食材	逃す運
牛肉	貯蓄運
野菜	発展運 若さ
果物 スイーツ 油	金運

キッチンの掃除ポイント

悪い気が広がらないよう、ゴミや汚れはその場で処理・掃除しましょう。古いスポンジやふきんは食器などに悪い気をつけるので、すぐ交換を。

古新聞や使用済みのラップでこすると洗剤なしでもキレイに

シンク内はピカピカに

汚れた食器・食べ残しの溜め込み、水垢は金運ダウン。食器はすぐに洗い、シンク内は重曹をかけ、スポンジでこすってピカピカに。

10

10円玉かアルミホイルを入れるとぬめり防止に

排水口の悪臭・ぬめりは熱湯で

排水口の雑菌も運気ダウン。熱湯をかけ、歯ブラシでぬめりや黒ずみを落として。最後に冷水をかけると雑菌の繁殖防止になります。

パスタのゆで汁をかけ
布でこするとキレイに

コンロはまめに拭く

火のまわりの汚れは、衝動買いや無駄づかいを誘発。こびりついた焦げは、持って生まれた金運の消耗になるのでキレイに落として。

洗剤を染み込ませたティッシュを貼って布で拭き取るのも◎

換気扇の掃除で運気アップ

風を起こす換気扇の汚れは、人との縁を遠ざけます。ファンを外し、汚れのひどい方を下にして洗剤につけ、歯ブラシでこすって掃除を。

排水口が詰まると肌荒れのもとに。汚れが溜まりやすいのでまめに掃除を。

キッチンの開運インテリア

小物はキッチンの方位に合う色（→ P19）がオススメ。冷蔵庫の扉にマグネットで色々なものを貼るのは金運ダウンのもとなので注意。

レンジ・冷蔵庫の間に木の板を

水の気の冷蔵庫の上に、火の気の電子レンジを置くと金運ダウン。バランスが取れるよう、木の板やタイル・レンガを挟むと効果的。

ゴミ箱はふた付きに

ふたでゴミの悪い気を抑えましょう。木製やステンレス製が◎。生ゴミは水気を切ってビニール袋で密閉し、まめに捨てましょう。

木製のまな板は
まめに日に当てて除菌を

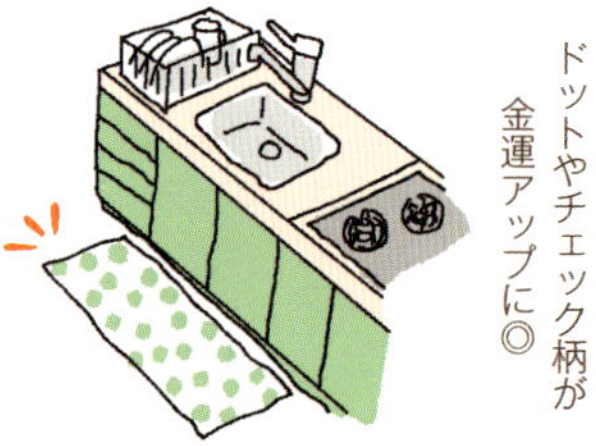
ドットやチェック柄が
金運アップに◎

まな板はキレイに殺菌

古くなったり、清潔でないまな板は貯蓄運を下げ、無駄づかいを誘発。殺菌効果のある木製や、雑菌がつきにくいガラス製が金運に◎。

キッチンマットの汚れに注意

キッチンの強い火の気を中和するマットは、汚れると結婚運・家庭運ダウンに。木の気を持つコットン製を使い、キレイに洗って。

鍋は住む人の運の土台を表します。不用な鍋は運を下げるので最小限に。鍋の焦げつきは金運を下げるので、重曹を入れた水を沸騰させ、汚れを取って。

方位別・キッチンの開運ポイント

火と水の気でバランスが崩れやすく、汚れやすい場所なので掃除はこまめに。方位ごとにポイントを押さえ、金運アップにつなげましょう。

北

キッチンの水の気が強まり、水垢や食材の期限切れが金運ダウンに影響大。清潔にし、暖色で温かい雰囲気にすると人間関係や男女の愛に効果的です。

北東

収納に適した方位なので、きちんと片付けましょう。陶器や四角の小物を使い、色は白・黄を使うと◎。

東

キッチンスケールやタイマーなど、はかるものを使うと金運に◎。窓がない場合は赤い小物を置くと健康運アップ。

南東

香りが重要な方位で、悪臭は大きな運気ダウンに。生ゴミの処理には特に注意を。木製や琺瑯《ほうろう》の小物、ライトグリーン・ピンクが吉。

西

食と金運が関わる方位。食費がかさんで散財につながらないよう注意。白く丸みのある食器や小物が◎。陶器を使うと金運が上がります。

北西

チープな印象にならないよう、普段づかいの食器もワンランク上のものを使うと運気アップ。色はゴールドやベージュを。

南

クリスタルの小物やピカピカのカトラリーなどが吉。色は白をベースに緑・オレンジを取り入れると◎。

南西

全体の統一感が重要。茶やベージュなどの落ち着いた色でまとめ、素焼きの小物など、温かみのある雑貨を使うと開運に。

食器類は棚にきちんと収納を。器は人の度量を表すもの。普段から上質な器を使い、丁寧に扱うことで、それに見合う自分に成長することができます。

掃除風水❼ ベランダ・庭

運を補充できる場所 美しい景観にすると◎

ベランダや庭は、玄関の次に重要な気の出入り口。キレイにすると、今の自分に不足している運が補充できます。

洗濯物を干すなどの実用のみで終わらず、植物を育てたりして美しい空間にすると運が上がります。ただし、落ち葉が溜まったり、枯れた植物が放置されていると、かえって悪い気を招くことに。まめにお手入れしましょう。

ガーデニングで運気上昇

季節の植物を育て、美しく生気のある空間にすると、多くのチャンスに恵まれます。落ち葉が溜まらないよう、掃除はまめに。また、庭に木がある場合は、日差しが部屋に入るよう剪定を。

植物は陶器や木製、素焼きのプランターに植え替えると生気アップ

庭でくつろぎの時間を

ガーデニングなど、庭で楽しみごとをすると運気アップ。スペースがあればお茶を飲んだりして、くつろぎの時間を取ると運が大きく補充されます。ベランダや庭をライトアップするのも運の補充に◎。

ベランダ・庭の掃除ポイント

不用品やゴミを置くと、窓から入ってくる気が悪いものになります。余計なものは置かないようにしましょう。

ミカンの皮をちぎって
まくと洗剤代わりに

ベランダの床はキレイに

床には泥や落ち葉が溜まりやすく、運気ダウンのもとに。濡らしてちぎった新聞をまいて掃くと、ホコリがよく取れます。

濡らして絞った新聞で
拭くとピカピカに

窓は上から下へ拭く

窓を上から下に拭くと、上に溜まった悪運が取り除けます。人間関係に問題があれば外側、家庭内に問題があれば内側から拭いて。

窓や鏡が汚れると、美しさやステータス、出会い運が大幅ダウン。特に女性は、吹き出物などの肌トラブルが起こりやすくなるので注意。

網戸は風の強い日に掃除
すると運を呼ぶ力がアップ

網戸の掃除で新しい運を招く

網戸が詰まると気の循環が滞ります。塩水で絞った雑巾で汚れを取り、新しい運を呼び込みましょう。

フローリングの溝も
爪楊枝で掃除を

サッシのレールは爪楊枝で掃除

サッシには、掃除機や雑巾で取れないホコリが溜まりがち。爪楊枝や綿棒を使ってしっかり取って。

掃除風水⑧ 収納・押入れ

ものと運を貯める場所 余裕ある収納を心がけて

収納スペースは運を貯める場所。「とりあえずとっておこう」と、ものを押し込むと新しい運が入ってこなくなります。また、見えないからといって色々なものを乱雑に詰め込むと、貯まるはずの運も失われてしまいます。

収納スペースは定期的にチェックし、不用品は処分やリサイクルを。収納する量は、スペースの7～8割までに留めるのが理想です。

除湿・換気をしっかりと

収納スペースに湿気がこもると、運の吸収率がダウン。湿気と悪運は下の方に溜まるので、収納の下段に除湿剤や除湿シート・新聞紙を敷いて。週に一度は扉を開けて風を通しましょう。

ものを詰め込み過ぎると悪運も出ていきません

塩・炭で空間を清浄化

グラスなどの小さな器に入れた塩を収納スペースに置くと、溜まった悪い気が取れ、清浄な空間に。炭もOK。気が循環するよう、収納スペースの四隅に置くとベストですが、難しければ1～2ヵ所でも大丈夫です。

収納・押入れの掃除ポイント

掃除する時はものを全て外に出し、ホコリを取ってキレイに水拭きしましょう。水拭きは晴れた日にするのがオススメです。

衣替えの時に掃除と整頓を

衣類を全て出し、収納スペースを水拭きしましょう。四隅や床を念入りに掃除すると運気アップ。扉の隅やレールのホコリも取って。

クローゼットの掃除は
風の気が流れ
出会い運もアップ

不用な衣類を捨て出会いを呼ぶ

着なくなった服・着心地の悪い服には悪い気が溜まりがち。布は縁を司るので、古い服は新しい出会いの妨げに。潔く処分しましょう。

衣類は種類ごとに分けて収納を。クローゼットが２段組なら、上段は半袖・軽い素材・明るい色の服、下段は長袖・重い素材・暗い色の服を入れて。

押入れの中も定期的に水拭き

ものを全て出し、キレイに水拭きします。使わない電化製品をビニールでくるむとチャンスを逃すので、無地のコットンやリネンで包んで。

ものもホコリを取って
種類ごとに収納しましょう

部屋のNGポイントと対策法

間取りは様々な運に影響するので、インテリアなどで補いましょう。掃除は全ての方位・運に共通の開運法なので、しっかりと。

恋愛運・美容運

西 窓

早く老けたり、不倫にハマる恐れも。16時以降はカーテンを閉め、西日を入れないように。カーテンがピンクだと若さが保てます。

北 出入り口・窓

愛が貯まらず、気持ちが落ち着かない状態に。暖色系のインテリアや照明で温め、窓は早めに閉めましょう。南国風の絵を飾るのも◎。

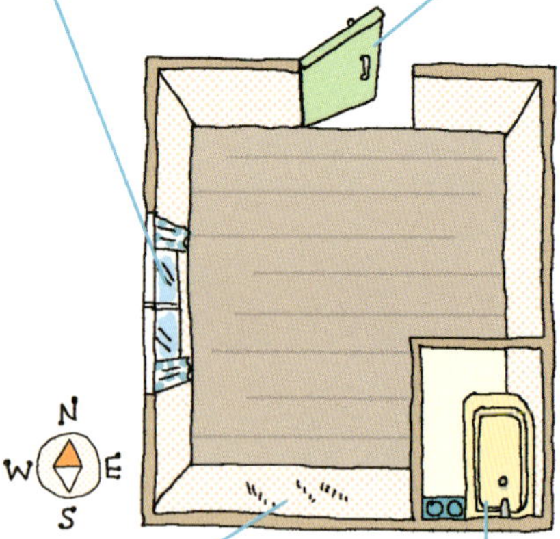

南 汚れ

美を司る方位が汚れると、太る原因に。ものを片付け、キレイにするとやせ体質に。クリスタルなど、ピカピカ光るものを置くのも◎。

南東 水場

汚れると運が落ち、恋愛や肌のトラブルに。水垢やカビは徹底的に掃除し、風通しよく。窓があって光と風が入るとベストです。

健康運・メンタル

北西　水場

夫婦なら女性が強くカカア天下になります。掃除し、ゴージャスな雰囲気にすると男性の運がアップ。独身女性は良縁に恵まれます。

北　水場

汚れて寒々しいと、イライラし気持ちが不安定に。男性の浮気も誘発。濃いピンク・オレンジ・ワインレッドの雑貨や照明で温かく。

西にテレビを置くとダラダラしがちになるので注意
N
W
E
S

南　水に関するものを置く

南の火の気と相性が悪く、視力低下や目の病気を招き、怒りっぽくなることも。水槽や水の入った花瓶は置かないようにしましょう。

北東　汚れ・欠け・階段

汚れるとケガを招くので注意。欠け（→ P18）や階段がある場合は、欠けた運が補えるよう明るくキレイに。欠けなら鏡を置くのも◎。

上の階や下の階に水場がある場所で寝ると、キレやすい性格になることも。シーツを白にしたり、寝具と床の間に白い布を敷いてガードしましょう。

※水場＝トイレ・お風呂・キッチン

部屋のNGポイントと対策法

金運

西　大きな窓

窓があると散財しがちで、お金が貯まらない体質に。黄やベージュのカーテンをかけ、16時には閉めるようにしましょう。

北　出入り口・窓

お金が貯まらなくなるので、ピンク・オレンジの小物やカーテンを。窓ならカーテンを早めに閉め、窓の前に家具を置いて通帳をしまうと◎。

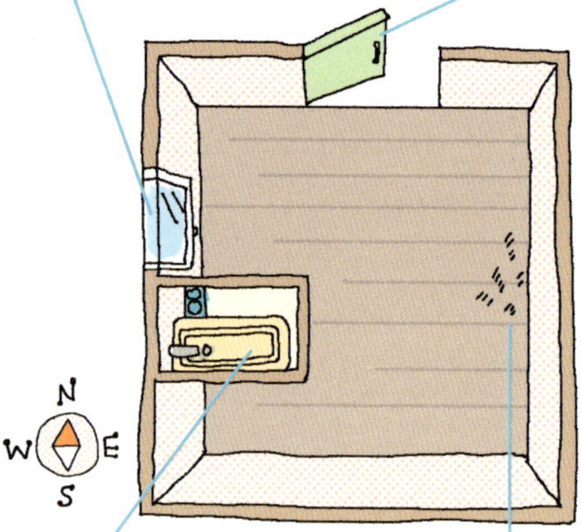

西　水場

女性がカード地獄に陥る恐れあり。掃除・換気・盛り塩で空間を清め、黄・ゴールドのインテリアでキンピカにすると金運アップ。

東　汚れ

体調を崩し、健康運・金運に悪影響。しっかり掃除し、赤い小物を置いたり、オーディオを置いて元気の出る音楽を流すと活力アップ。

中心の水場や吹き抜けはタイミングを逃すので植物を置いて。デコボコした間取りや大きな欠けも運気ダウンなので、壁に鏡をかけてフォローを。

仕事運

北西　汚れ

ご先祖様や神様の守りが弱まり、上司との仲も悪くなります。キレイにし、神棚が置けるとベスト。

東　窓がない

やる気が出ない状態に。照明で明るくし、赤い小物を置き、テレビや音楽でにぎやかにすると◎。

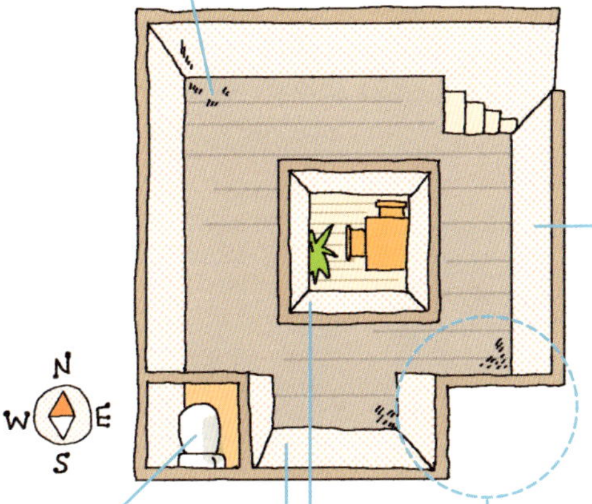

南西　水場

根気がなくなり、女性は気持ちが不安定で怒りっぽくなることも。掃除し、茶色のどっしりした家具や植物を置くのがオススメ。

南東　汚れ・欠け

人や会社との縁がなくなるので、キレイに掃除して風通しよく。欠け（→ P18）には鏡を置いて。

南　窓がない

才能が開花しなくなるので、植物を二つ置いてフォローを。光る小物・クリスタル・鏡も効果あり。

中心　吹き抜け・水場

大事な時に不調になり、チャンスを逃します。吹き抜けは下の階の中央に大きな植物を置き、水場は掃除を。紫・ラベンダーのものを置くと◎。

※水場＝トイレ・お風呂・キッチン

第2章　恋愛風水

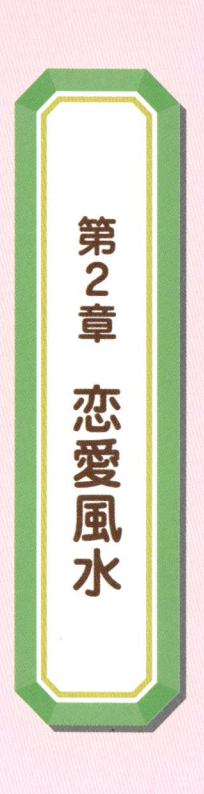

ファッション・小物・ネイルで恋愛運アップ！

風水を楽しく使って

素敵な恋を招きましょう。

おはよー
家の掃除
やっと終わったよ
すごーい
順調ですね
いいことあるかも～
だといいけど
すっ
ガラガラ
ガチャン
わっ
あぶないっ
ふわり
clean
大丈夫ですか？
もしや
運命の出会い!?
ケガがなくてよかった
はい♡
…

2章 恋愛風水

どうぞ
先ほどは すみませんでした
いえいえ
神崎くんはA社の営業マンなんだよ
仕事が速くて助かってるよ
神崎さんっていうんだ♡
優しくて仕事もできるなんてステキ～
こちらは事務の小深真知さん
うふふ
こぶたの真知ちゃんって覚えるといいよ～
ブーちゃんぽいでしょ
はは…
ガーン
ブー
部長めっ!!
CAFE
セクハラよ～
かといってケーキドカ食いは…
パクパク
仕事帰り?
私も風水鑑定の帰りなの
真知さんの慰め会です
え?

そんなことが…
こぶたって…
う……
モグモグ
せっかく風水でいい出会いを引き寄せたのに…
…でも、いくら素敵な出会いがあってもこんな私じゃ無理
太ってるし仕事もミスばっかり女子力もナイ…
私も風美さんみたいにキレイに生まれてたらな
ぐすんぐすん
生まれつきなんて関係ないわ
風水で顔を変えることはできないけど自分を輝かせることはできるのよ
私も風水始めて笑顔がステキになったねって言われた♡
きゃっきゃっ
私にできるのは風水でみんなの幸せを応援すること
真知さんが本気で幸せになりたいなら応援するけど…どう？
…こんな私でも変われる？
もちろん！

ぐっ
私、キレイになって素敵な結婚がしたい!!
わかったわ応援する！
じゃあこれよ
開運のカギ
恋愛運アップにはキラキラ・ピカピカうるうる
髪と瞳と肌をキレイに
目もうるうるに
靴やピアスメガネも磨くと恋愛運アップよ
そして美容とダイエットには南！
光が最も多く入って物事を明らかにする方位なの
うわ
そこに鏡を置くと脂肪も肌荒れも明らかに！
美容のコツは自分を知って改善すること！
ケアしてキレイになりましょう！
ケーキも1日1個までね
えーん
でも頑張る

恋愛風水

いい恋愛をすると運全般が良くなる

女性は水の気を持ち、愛情に触れると運が上がります。素敵な恋愛をすると対人運・仕事運・金運・健康運など、運全般が良くなります。

ただし、我慢や無理が多い恋愛は逆効果。恋愛を通じて幸せを感じられることが重要です。自分がマイナスな状態や心境だと悪い恋愛を呼び寄せてしまうので、居心地のいい部屋でプラスの状態をつくり、素敵な恋愛をしましょう。

色と柄で恋愛運アップ

ピンクは方位に関係なく使える恋愛運アップの色。モノトーンなど、部屋の色が乏しいのは恋愛運にはNGなので、小物などで色を加えましょう。また、ストライプはいい流れで良縁が得られる、ドットは恋愛がスムーズに進む効果があります。

恋愛は風の気が重要

いい恋愛を望んでも、ただ待っているだけでは何も起こりません。部屋をキレイに、風通しよくするとともに、新しいことをすると風の気が生じ、いい出会いを招きます。部屋の模様替えをする、習い事を始める、新しい場所に行くなどして、出会いを呼ぶ風の気を起こしましょう。

出会いを呼ぶ風水

南東がポイントで、数字は「4」が恋愛や人間関係に効果的。季節感のない部屋は出会いのチャンスを逃すので、花や小物で季節を取り入れて。

南に水の入った花瓶を飾るとケンカや別れにつながるので注意

南東

南東やダイニングテーブルに花

色違いの花４本やピンクの花４本が◎。アイビーなど、長い葉を合わせると効果的。ダイニングテーブルの花は結婚につながる縁を呼びます。

南東に写真と香りを置く

好きな人に関わるものや写真を飾ると縁結び効果あり。香りは良縁を運ぶので、コロンや香水瓶、芳香剤を置いて。春や花の香りが◎。

花はピンク(愛)･オレンジ(結婚)･白（健康な人･スポーツマンとの縁)･黄（お金持ちとの縁)･青（仕事ができる人との縁)･紫（悪縁除け）を組み合わせて。

いい香りの石けんを使う

石けんは人に好かれる重要アイテム。花や果物の香りの上質な石けんは対人運アップ。特に恋愛運にはバラの香りがオススメ。

玄関にスリッパを２足置く

好きな人や恋人がいなくても２足用意して交互に履くと、両方のスリッパが自分の主人を欲しがるようになり、良縁につながります。

アンティークの小物や家具・古着（家族のお下がり以外）は、前の人の運を背負っている場合があり、若い女性には不向きです。すぐ新品と交換を。

仲を深める風水

出会いを呼ぶ風水（→ P73）に加え、男女の愛を深める北を温かく明るい空間にしましょう。結婚に結びつけたいならオレンジが効果的。

穏やかな常夏や船の絵・写真を飾るのも◎

北の玄関を温かな雰囲気に

玄関が北だと、出会いがあっても仲を深めるのが難しくなります。濃いピンクやオレンジ·ワインレッドなどの暖色系を取り入れて。

電気のワット数を変えると明るさがアップ

北のキッチンを温める

北のキッチンは常に冷え、情緒不安定になってケンカしてしまうことも。ピンク・オレンジのマットやエプロンで、温かい雰囲気に。

南東

南東に携帯電話を置く

南東は情報やコミュニケーションの方位。ここに携帯電話を置くと、彼から連絡が来たり、いい情報が入ってくる効果が得られます。

カバーなどで温かな印象にするのもＯＫ

モノトーンや金属系は NG

ステンレス・メタリックなどの冷たい印象の家具は、人間関係を冷やし、恋愛運・家庭運ダウン。天然素材の家具に変えると◎。

浮気防止・復縁に関する風水

浮気防止には水場（トイレ・お風呂・キッチン）をキレイに保つことが重要。特に北西の水場は浮気を誘発しやすいので、徹底的に掃除しましょう。

日用品をおそろいにすると結婚につながりやすいよ

恋人と同じものを持つ

見る度に相手を思い出す効果あり。同じモチーフのものや、同ブランドでデザイン違いなどのおそろいを増やしていきましょう。

水場を掃除する

恋人の家のお風呂やキッチン、トイレがカビや水垢で汚れていると浮気を誘発します。お互いの水場はいつもキレイにしましょう。

男性の下着の色は緑系がオススメ

黒い服・下着を変える

黒は秘密を表す色。黒い服や下着は秘密主義になり、浮気を招くことも。服や下着は明るい色に変えましょう。

南東で復縁の可能性を探る

南東に元恋人の写真や思い出の品と植物を置きます。3ヵ月経って植物が育たなかったり、相手から連絡がない場合、復縁は望めません。

美容風水

南で自分をチェックし美容運アップでキレイに

美容に重要な方位は南。太陽の光が多く差し込み、物事を明らかにする方位です。そこで自分の体のチェックをすると、体型の崩れや肌荒れなどがはっきりわかります。

南を明るくキラキラした空間にするとともに、鏡や水場の汚れを取り除いて美容運を上げ、日々キレイになっていきましょう。

水場をキレイに

お風呂・キッチン・トイレなどの水場が汚れると容姿に悪影響。また、洗面所の鏡に映るものが、その家の女性の容姿に反映されます。洗濯物や小物などを整頓し、一輪でもいいので花を飾ると、美容運が上がります。

グリーンを一緒に
飾ると若返り効果も

鏡はいつもピカピカに

容姿に影響する鏡はいつもピカピカに磨きましょう。キレイな鏡は幸運を高めてくれます。全体を上から下に拭いた後、キレイになりたい場合は横向きに、仕事運をアップさせたい場合は縦向きにもう一度拭くと効果的。

ドレッサーも
鏡に余計なものが
映らないよう整頓を

美容風水のポイント

南をキラキラの明るい空間にすると美容運アップ。数字は「2」がポイント。家じゅうのグラスやガラス、鏡を磨くと南のパワーが倍増します。

窓辺にはサンキャッチャーがオススメ

南に光るものを置く

窓がある場合、窓・桟《さん》・取っ手を磨きましょう。クリスタルなどの光るものを置くと、良い気が空間に広がり、幸運を招きます。

緑やゴールドがラッキーカラー

南に一対のものを置く

一対の背の高い植物を置いたり、カーテンのタッセルをゴールドのリボンにするなどして、キラキラの雰囲気にすると美容運アップ。

南はよみがえりの方位でもあるので、一対の植物を置くとアンチエイジング効果も期待できます。

壊れたり、欠けてる鏡は捨てる

壊れた鏡は代謝の低下を招き、太る原因にも。ダイエットしたい時は手鏡やメイク用品をチェックし、不用な鏡を処分しましょう。

鏡に吸盤フックはつけない

吸盤フックをつけると見た目も悪く、汚れもつきやすくなり運気ダウンに。鏡はいつも磨けるよう、余分なものはつけない方が◎。

ダイエットに効く風水

余分な脂肪は木の気を消耗させ、老化につながり、仕事運や発展運もダウン。汚部屋は体脂肪を増やすので徹底的に掃除しましょう。

南の鏡で全身チェック

南に全身が映る鏡を置き、毎日見るとダイエットへの意識がアップ。南に体重計を置いてチェックするのも効果的。

食卓に青い小物を使う

食欲抑制効果がある青を食卓に使うとダイエットに◎。そばにピンクの花を置くと満足感が得られ、食べ過ぎを防げます。

新しい靴で歩く

スニーカーはやる気や行動力を高めます。新しい靴で歩くとダイエットに効果的なだけでなく、出会い運もアップし一石二鳥です。

美肌・美白に効く風水

美肌には南に加え、南東が重要な方位に。南東にコップ一杯のキレイな水を置き、キッチンがある場合はキレイにすると美容運アップ。

南

髪の詰まりは悪い恋愛を呼ぶので
ネットをつけて取り除いて

メイクは南に置いた鏡で

南に鏡を置き、南に顔を向けてメイクすると、美貌と才能がアップ。水場である洗面所でのメイクは、美を落とすのでやめましょう。

換気扇や排水口の汚れはNG

方位に関係なく、ここの汚れは肌荒れを招くので注意。毎日こまめにゴミを取り除き、キレイにしましょう。

酒

お風呂に日本酒と塩を入れる

日本酒と塩を入れると、体内の毒素が出て、美肌・美白や保湿効果が得られます。日本酒はコップ半分、塩はひとつまみでOK。

古いタオルは肌荒れのもとに

古くて肌触りの悪いタオルで体を拭くと、せっかくキレイになった体に悪運をつけ、肌荒れになることも。まめに交換しましょう。

1日の過ごし方

風水リズムを取り入れ幸運体質になろう

風水のポイントを取り入れながら過ごすと、日常生活から良い運が吸収でき、幸運体質になれます。

また、季節を楽しむと時の運がつかみやすくなり、チャンスに強い人になれます。季節に合った食事やファッション、部屋の模様替えをしたり、季節のイベントを楽しんだりしましょう。

時間の五行

時間にも五行（→P16）があり、それに合わせた過ごし方をすると良い運が上手に取り入れられます。

※時間の後ろの（木）などが属する五行です

5時〜（木）

1日の運を吸収する時間。朝日を浴び、おいしい朝食をとると仕事や出会いに◎。

11時〜（火）

直感が冴え、企画やアイデア出しに最適。特に12時以降は火の気が強く、ランチミーティングもオススメ。

13時〜（土）

気のベースをつくる時間。仕事にコツコツと取り組み、休憩で運のチャージを。

17時〜（金）

楽しんで過ごすと金運などの豊かさの気が上がります。食事や趣味、習い事で充実させましょう。

23時〜（水）

運を再生する時間。音楽を聴いたりゆっくりお風呂に入るなど、リラックスした時間を過ごすと◎。

朝の開運

朝は新しい運が生まれる時間帯。早起きして朝日を浴び、1日の運をしっかりチャージしましょう。

朝日を浴び、風を通す

朝日は悪い気を浄化し、新しい運を与えてくれます。起きたら窓を開け、朝日を浴びましょう。風を通すと出会い運もアップ。

遅くとも10時くらいまでに太陽の光を浴びましょう。今の運を強力にリセットしたい場合は、早朝～8時までの朝日を浴びるのがオススメ。

一気に飲み干さず
ゆっくり飲んで
体に浸透させて

一杯の水で悪い気を流す

朝一番に水を飲むと、体内の悪い気や毒素が出て、運を再生させることができます。冷たすぎると体に毒なので、常温の水を飲んで。

朝食をしっかりとる

朝食は朝の新鮮な気の吸収に重要。食べないと1日の活力が生まれず、チャンスにも弱くなります。おいしく食べて運を補充して。

卵料理や果物が
オススメ

朝食にミルクやクリーム系のスープを食べると恋愛運アップ。酸味のあるドレッシングや柑橘系のジュースは仕事運アップにつながります。

昼の開運

昼の太陽は「才能発揮の太陽」といいます。公園やオープンカフェなどでランチしたり、散歩したりして太陽のパワーを吸収しましょう。

人との会話でアイデアも
わきやすくなります

ランチは日当たりのいい場所で

オープンカフェや窓の大きな店でランチすると、太陽の力を吸収できます。風通しのいい場所なら出会い運や仕事運もアップ。

ランチョンマットを
敷くと金運が定着

ランチ中はデスクを片付けて

デスクで食べる場合、仕事のものを片付け、電磁波を出すパソコンも切りましょう。食事を楽しめる環境にすると運の吸収率がアップ。

甘いおやつで休憩タイム

甘いものは恋愛運・金運を高めます。ミルクティーやカフェオレ、香りのあるお茶と一緒に楽しむとさらに恋愛運アップ（→ P141）。

人と一緒に楽しむと
運も倍増!

スイーツだけでなく、旬の果物も◎。チャンスに強い体質になれます。

夜の開運

夜はその日に溜まった疲れと悪い気を浄化し、良い気を再生させる大切な時間。心と体をゆっくり休ませ、運の再生をスムーズにしましょう。

新しいことにトライする

普段と違うことにトライすると出会い運アップ。初めてのメニューを頼んだり、新しい店に行ってみるなど、身近なことから挑戦を。

やさしい光の照明をつけくつろいだ空間に

帰宅後はリラックスモードに

メイクはすぐに落として肌ケアをし、部屋着に着替えてくつろぎましょう。夜はリラックスして過ごすと恋愛運が上がります。

忘れないよう日記に記録して

いいことを日記に書く

「この服着るといいことある」「ここへ行くといいことある」など、ある条件でいいことが2回起きたら自分だけのラッキージンクスになります。

23時までにベッドに入る

23時までにベッドに入り、24時には眠るようにすると、睡眠中の運の再生がスムーズに。肌の修復が活発になり、美容にも効果的。

悪いことが起こったら日記に書いて破りましょう。厄落としになります。

お風呂風水

充実したバスタイムが運の向上につながる

1日の終わりに、その日に溜まった悪運を流すお風呂。体をキレイにするだけでなく、運もクリアにする大切な時間です。お風呂でゆっくりリラックスできると、睡眠中の運の再生や補充もスムーズに進みます。

特に女性はバスタイムの充実が運気向上のカギに。小物や入浴剤などで心地よく過ごせる工夫をしましょう。

湯船で悪運を流す

シャワーだけではその日の疲れが取れず、厄も残してしまいます。できるだけ湯船に浸かり、その日の疲れや厄をしっかり落としましょう。代謝が上がって毒素が出れば、上質な睡眠も得られます。

時間がない場合は
塩で体をマッサージして
シャワーを浴びましょう

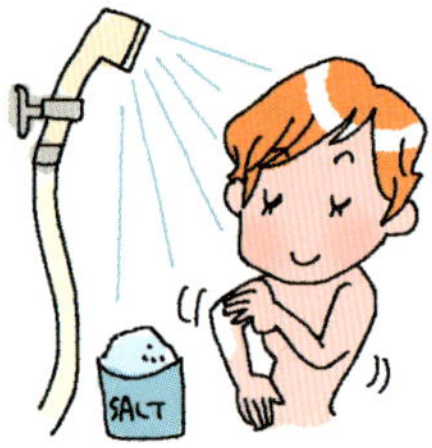

小物で雰囲気を変える

お風呂の雰囲気も運に影響します。キャンドルを灯したり、フラワーバスで豪華なバスタイムを楽しむと運気向上に。また、花を飾ると恋愛運・結婚運がアップ。生花が一番ですが、難しい場合は花の香りのバス用品や入浴剤でもＯＫ。

お風呂風水のポイント

入浴剤を使ったり、好きな音楽や本を楽しみながらゆったり過ごしましょう。バスタイムが充実すると、恋愛面も充実します。

ラメ入りの入浴剤で
キラキラにするのも◎
WEDDING

入浴剤で運を上げる

欲しい運を上げる天然系の香り（→ P121）がオススメ。お風呂のある方位に合う色（→ P19）の入浴剤も◎。

頭に粗塩を置いて
洗い流すのも効果的

天然の塩で運をクリアに

嫌なことがあった時はソルトバスで運をリセットしましょう。ラベンダーオイルも入れると強い浄化作用で疲れが取れます。

自分の吉方位（→ P176 ～）産の日本酒をお風呂に入れると、恋愛面でのストレスを緩和。赤ワインは恋愛体質づくりに◎。ともにコップ半分で OK。

バススポンジなどで
取り入れて

果物の小物で女性運アップ

殺風景なお風呂は男性運がダウン。色や香りなどで女性らしくし、恋愛運アップの果物グッズを使うとフェロモンや色気にも効果大。

Z Z Z

濡れた髪は厄をつけてしまう

髪を洗って厄を落としても、濡れたまま放置しているとまたすぐ厄をつけてしまいます。きちんと乾かすようにしましょう。

睡眠風水

良質・快適な睡眠で美も恋愛も手に入れる

心地よく質の高い睡眠は、運の再生がスムーズで、日々の活力がしっかり得られます。運が上がっていい恋愛も引き寄せ、美容効果も期待できます。

やわらかな光の照明でくつろげる空間をつくり、音楽や香りで睡眠中に吸収する運を高めましょう。

音楽で安眠と運の補充を

睡眠時に聴く音楽は運に影響大。眠る時にクラシックや環境音楽を流すと、安定や充実の運気が得られ、恋愛運アップの効果も。水に関する音もオススメなので、川のせせらぎや波の音で安眠を促すのも◎。

音楽があると眠れない人は
就寝前に部屋に
流しておくだけでもOK

香りで恋愛体質に

寝室に香りがあると、美しさや愛情、出会い運が高まります。香りは体と心を癒やし、恋愛体質づくりに効果的。睡眠時にはローズやラベンダー、ジャスミン、カモミールなど、フローラル系の甘い香りがオススメ。

香り＋花の寝室は
恋愛運アップに最適

睡眠風水のポイント

窓やカーテンが開いていると、睡眠中に悪い気の影響を受ける恐れも。窓とカーテンはきちんと閉め、安心して眠れる環境にしましょう。

西向きはぐっすり眠れますが
結婚運には不向き
西

枕の向きで得られる運が変わる

北＝貯金、東＝健康、西＝休息、南＝才能と枕の向きで得られる運が変わります。東と南は恋愛向きですが、西は不向きなので注意。

季節の花を飾ると◎

起きて目に入る場所に花を飾る

人は起きて最初に見たものの気を吸収します。汚い空間だと運が下がるのでキレイにしましょう。花や植物を飾ると恋愛運がアップ。

木製のベッドなら安定し
運の補充にも◎

ベッドまわりを女性らしく

コットンなど、肌触りのいいファブリックが運を高めます。淡いピンクやレース、フラワーモチーフなどが恋愛運アップにオススメ。

照明のつけっぱなしも
睡眠の邪魔に

携帯電話・パソコンは切る

電磁波は質の高い睡眠を妨げます。寝る15分前には携帯やパソコンをオフに。テレビもつけっぱなしだと疲れが取れないのでNG。

花風水

花は様々な幸せを呼び寄せるアイテム。部屋に季節の花を一輪でも飾ると、素敵な出会いや豊かな恋愛に恵まれます。

バラ

強い陽の気で全体運をアップ。ピンクは恋愛運・美容運、コーラルカラーは結婚運、黄は金運に◎。

チューリップ

女性をかわいく見せ、愛情運・人気運アップ。北東に白はやる気、西にピンクは喜びをもたらします。

スイートピー

いい香りで良縁を運びます。出会いが欲しい人は白とピンクを組み合わせて飾ると効果的です。

マーガレット

穏やかで楽しい恋愛を招きます。北東にグリーンと一緒に飾ると、貯蓄運アップの効果も。

枯れた花は空間に悪い気を広げるのですぐ交換を。また、花瓶の水が汚れると悪い気が溜まり、花の持つ運も落ちるのでまめに取り替えましょう。

ユリ

白い花は心を浄化し、美容運・健康運をアップ。寝室や水場に飾ると、素敵な恋愛に恵まれます。

ガーベラ

出会いや縁を豊かにする力があります。複数の色を組み合わせて飾るとさらに運が上がります。

カーネーション

気を浄化する力があり、ストレスを和らげます。人間関係をスムーズにし、仲直りのサポートも。

ヒマワリ

陽の気が強く、最も強力に金運を上げます。特に西に飾ると効果倍増。家の中の悪運も払います。

フリージア

転職や引越しなど、環境が変わる時に飾るといいスタートが切れます。オレンジや黄が特に効果的。

ラベンダー

心を癒やして穏やかさと良い運をもたらします。寝室に飾ると安眠効果も。

ドライフラワーは枯れた花なので恋愛運ダウンに。プリザーブドフラワーは生花の1/3のパワーですが、オブジェとして運の向上をサポートします。

おはよー♡
いい朝ー♪
うーん♪
風水リズム(→P80～)で調子いいなぁ
肌トラブルも良くなってきたし
仕事もはかどる～
clean
あ
FILE
先日はごめんなさい
長谷川くんだっけ…
ペコッ
あら？なんか無愛想なタイプかな？
じゃあこれで…
あの…
失礼かもしれませんが

やせましたか？
リーン ゴーン
パタパタ
そ、そうかなぁ？
うふふ
そう？
やった～!!
くるっ
真知さーん
今度A社の人と飲み会するんですけど
神崎さんも来るって！
チャンスの神様到来!?
風美さんに開運ファッション聞きましょ！
ついでに買い物♥

真知さんスッキリしましたね
毎日鏡を見るのは辛かったけど
ダイエットを頑張る気持ちが強くなりました
一駅歩いたり
よくかんで腹八分目にしたり
いい調子ですね
これいいかも
どう？
…
黒をよく着るんですか？
合わせやすいし少しでもやせて見えるかなって
黒は格を上げる色
人気の女優さんにはお似合いだけど…
「秘密」の色でもあるから異性を寄せつけなくなっちゃうの
恋愛には不向きなのよ

黒を着る時は
アクセサリーやバッグ、靴などで色を足すといいわ
恋愛運に効く色は？
何よりピンク!!
愛情運をアップしてくれるわ
オレンジや白もオススメ
そしてこれ！
開運のカギ
恋愛に効くのは
長い＆揺れ
長いネックレスやストール
揺れるピアスがオススメよ
じゃーん
ステキ！
これでバッチリね！
ステキ ステキ
もう少しやせなきゃ…
ぎゅううう

風水ファッション

流行を意識した軽やかなスタイルで恋愛運アップ

ファッションは恋愛運に影響大。風の気を起こす軽やかで女性らしいスタイルが恋愛運を高めます。古い服は悪い気が宿るので定期的に処分し、新しい服でチャンスと運を得ましょう。

　また、服は買う時の気分に左右されやすく、落ち込んでいると暗めの色を選んだり、反動で派手すぎるものを買ってしまうことも。心が穏やかな時に買いに行くのがオススメです。

流行で時の運をつかむ

流行のものを身につけると、時の運が得られます。一方、流行遅れのものや着なくなった服を溜めていると、チャンスに弱くなるので注意。ファッション全体を変えなくても、色や小物などでうまく流行を取り入れ、開運につなげましょう。

恋愛運に効くスカーフで
流行のモチーフを
取り入れるのも◎

素材ごとの力を活用

・コットン

木の気が若さを引き立て、出会いやチャンスをもたらします。

・シフォン

愛情を豊かにしてくれます。

・シルク

金の気で金運アップ。ステータスが上がる出会いを呼びます。

・ニット

縁をつなぎ、今の交友関係をいい方向へ育んでくれます。

・ストレッチ

土の気を持ち、人間関係を安定させてくれます。

ファッションのポイント

トップスの色がその人のイメージをつくり、ボトムスの色の持つ運が体内に吸収されます。色の効果を知って活用しましょう（→ P98 〜）。

胸元と手元を開ける

女性は胸元から運を吸収するので、開いているトップスがオススメ。また、手元から出会いの運気が出るので七分など短い丈が◎。

ネックレスで胸元を
飾るのも運気アップ

スクエアネックは安定や土台を表し結婚運アップ、V ラインは仕事運アップに効果的。胸元にポイントのある服を着ると、愛され体質になれます。

風の気を高め
出会いを呼ぶフリルも◎

軽やかな服が出会いを呼ぶ

軽い素材や曲線のフォルムで、風になびく服が恋愛運を上げ、出会いを運びます。フレアスカートや軽やかなワンピースがオススメ。

着る色やスタイルを変える

いつも同じファッションだと運がダウン。特に暗い色を着続けると運が停滞するので注意。見た目の変化で気を動かし、運気アップを。

色々なスタイルを
楽しみましょう

金運には光沢のある素材やゴールドのアクセサリー、仕事運にはゴールドとドット柄、健康運には緑とペイズリー柄が◎。

下着

自分の運と容姿に直結
下着は一番の勝負服！

肌に直接触れる下着は、素材（→P94）や色（→P98～）の持つ運がいち早く吸収されます。着心地が悪い下着は運を下げるので、まめに新調を。捨てる時は他のゴミの臭いがつかないように分け、紙にくるんで捨てましょう。

また、下着のイメージはそのまま自分の容姿につながり、古びた下着だと容姿もくすんだ印象に。キレイで女性らしいものを選ぶと恋愛運が上がります。

下着のポイント

ピンクは肌や髪をキレイにし、黄色はバスト・ヒップアップに◎。グレーや黒は冷えや女性特有の病気を招く恐れが。

セットアップでそろえる

容姿を美しくし、きちんとした印象を与えます。単品しかない場合は色だけでも合わせましょう。

レース素材だと愛情運がアップ

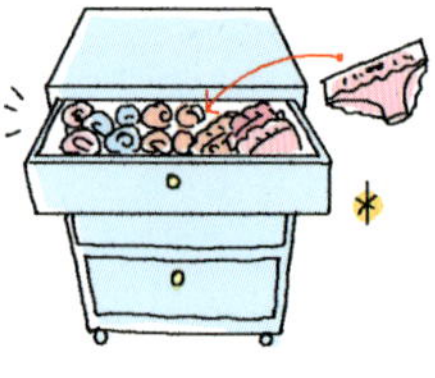

上の段に収納する

収納は上の段ほど陽の気が高まります。下着は真ん中より上の段に入れ、陽の気を取り入れましょう。

サシェやポプリなどと一緒に収納すれば、香りの持つ運（→P121）も身につけることができます。

靴

キレイに磨いた靴で幸せへの一歩を踏み出す

靴は行動力を司り、欲しい運のあるところへ導いてくれるアイテム。どんな靴を履くかで、得られる運が変わります。また、靴をピカピカに磨くと仕事運と金運が上がり、素足と靴が美しい女性は玉の輿に乗りやすくなります。

一方、古い靴は行動力ダウンに。靴底を拭いてから捨てると、新しい運に恵まれやすくなります。

靴のポイント

出会い運を高める風通しのいい靴が◎。デザインと履きやすさを考慮し、自分の足に合う靴を選びましょう。

デザインで運を上げる

モチーフやラインストーンがポイントのものは出会い運を、安定感あるヒールは結婚運を上げます。

先のとがった靴は縁を切るので丸いものが◎

足首が華奢に見えるストラップシューズは、女性らしさを高め恋愛体質に。バックストラップは縁を深めます。

湿気が溜まると悪運がつくので注意

運気別・ブーツの選び方

出会い運はショート、貯蓄運はロング、仕事運はブーティ、人気運はムートンがオススメ。

色によって得られる運が変わります。欲しい運の色を、ファッションや小物、インテリアなどに取り入れて活用しましょう。

初めての人に会う時
着ているといい縁に

白

心身をリセットし、新しいことを始める時に効果的。人との関係を育む力も。他の色と組み合わせると、その色の力を増幅させます。

オレンジ

新たな出会いを呼び、対人運を高めます。落ち込んでいる時に前向きな気持ちを与えてくれる効果も。旅行運や子宝運もアップ。

黒と合わせると
ギャンブル運アップ

結婚運には
コーラルピンクが◎

赤

決断力を高め、健康運・仕事運アップ。仕事や試験などの勝負ごとにも効果的です。赤い下着は冷え性改善にも役立ちます。

ピンク

愛情を高め人間関係を豊かに。恋愛運・結婚運に加え、夢の実現力もアップ。白×ピンクは恋愛運最強カラー。黒×ピンクは効果薄に。

緑

健康運・仕事運・家庭運アップ。体に溜まった悪い気を流し、心身に若々しさや成長をもたらします。家庭運には渋めの緑が◎。

クリーム色は財運と
玉の輿運アップ

黄色

金運と対人運を上げます。白と組み合わせると、物事の変化を強力にサポート。黒と合わせると浪費や娯楽に走ってしまうので注意。

青

やる気と成長を促し、才能運・仕事運・出世運アップ。周囲に安心感や信頼感を与える効果も。水色は物事を優しく伝えたい時に◎。

ラベンダーは
上品な印象に

紫

気を清め、トップを目指せる高貴な色。品位や風格を与え、周囲から一目置かれます。多用すると近づきがたい雰囲気になるので注意。

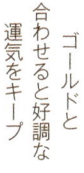

ゴールドと
合わせると好調な
運気をキープ

黒

格を上げますが「秘密」も表し、人と疎遠になることも。黒い服を着る時は、下着や小物に明るい色を使い、陽の気を補いましょう。

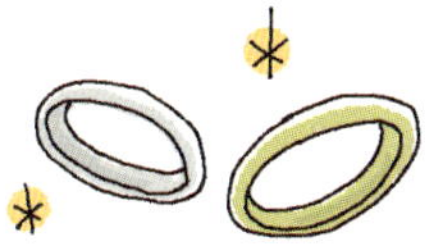

ゴールド・シルバー

ゴールドは外へ魅力を放ち、華やかさと才能開花をもたらします。家庭運・子宝運もアップ。シルバーは持続力と自己実現力を高めます。

アクセサリー

好きなアクセサリーで女子力&恋愛運アップ

アクセサリーは身につけた人の運を上げ、魅力を引き出します。特に揺れるピアスやイヤリング、長めのネックレスが恋愛運・良縁に効果的。

本物のジュエリーは身につけた人の格を上げ、出会う人のグレードも高めます。フェイクジュエリーの場合はピカピカに磨いて身につけ、いつか本物を手にできるよう運を高めましょう。また、酸化したシルバーは悪縁を呼び、容姿にも悪影響なので注意。

定期的なケアで大切に

ジュエリーは運を上げる一方で、周りの悪い気を吸収してしまうことも。定期的に浄化し大切に扱うと、石の力が高まります。ただし光や水、塩に弱い石もあるので、石の性質を確かめ、適した浄化方法を選びましょう。

主な浄化方法

- **日光（午前中）か月光に当てる**
- **水で洗う**
- **天然塩に石を埋める**
- **お香かホワイトセージでいぶす**

壊れるのは厄落とし

アクセサリーの破損や紛失は「大事なものが身代わりになってくれた」厄落とし。もしくは「壊れることで何かを知らせている」サイン。恋人からもらったものが壊れるのは「このままだと仲が悪くなる」印なので、自分の行動や相手との関係を見直し、悪い点があれば改善しましょう。

相手との関係を見直す機会に

アクセサリーごとの効果

「恋愛運アップのローズクォーツをハート型で」など、石の力（→ P103）と開運モチーフ（→ P106 〜）を組み合わせるのも効果的です。

恋愛に効く「4」で
四連のブレスも◎

重ねたブレスレットで良縁

華奢なブレスレットは出会い運を上げます。二連などにすると効果大。バングルや数珠タイプは金運や楽しみごとを引き寄せます。

パールの重ねづけが
恋愛運にオススメ

ネックレスで運をチャージ

運を吸収する胸元には、欲しい運の石やモチーフのネックレスを。ダブルチャームや二連だとさらに効果的。

モチーフにも
こだわると効果倍増

ピアスで直感力アップ

直感力を高め、キレイな印象を与えます。揺れるものは良縁を呼び、耳に密着するスタッドタイプは石の力をダイレクトに受け取れます。

仕事用のバッグに
つけると仕事運アップ

運を補充するブローチを活用

欲しい運の石やモチーフのブローチをコスメポーチにつけると、運の上昇とともに肌や容姿もキレイになります。

使わなくなった天然石をキレイな川や湖に流すと、楽しみごとや金運、玉の輿運に恵まれます。ただし、ビーズやプラスチックは水に流さないように。

指の持つ意味＆ジュエリーの効果

指輪も運を高める重要アイテム。どの指につけるかで得られる運が変わります。石の効果と組み合わせて活用しましょう。

中指
現状をキープできる指。運が上がっている時は◎ですが、下がっていると停滞を招くので注意。直感力を高め、魔除けにも。

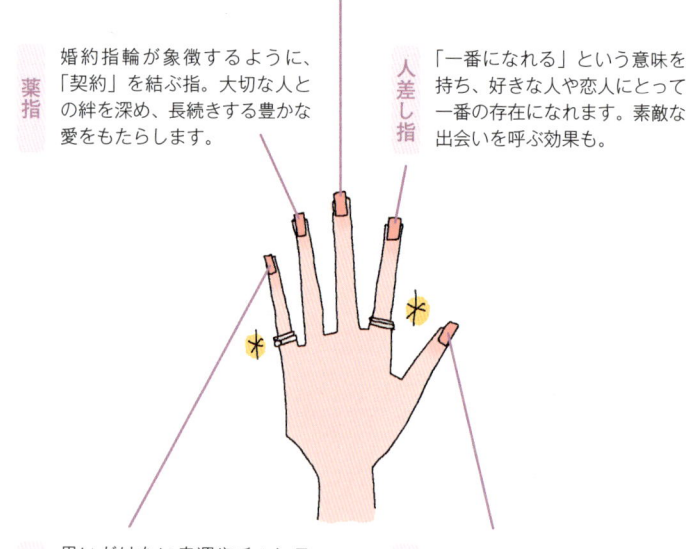

薬指
婚約指輪が象徴するように、「契約」を結ぶ指。大切な人との絆を深め、長続きする豊かな愛をもたらします。

人差し指
「一番になれる」という意味を持ち、好きな人や恋人にとって一番の存在になれます。素敵な出会いを呼ぶ効果も。

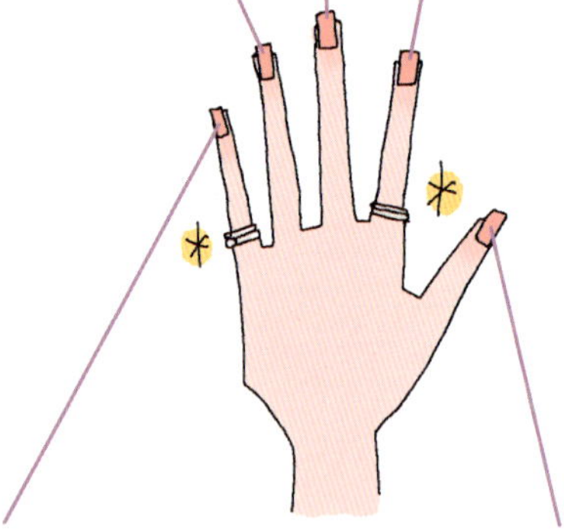

小指
思いがけない幸運やチャンスに恵まれます。ピンキーリングをつけるとかわいい女性になれます。重ねづけも◎。

親指
愛情をもたらす指。周りへの影響力を高め、夢の実現や目標の達成もサポートしてくれます

人差し指と小指に指輪をすると出会いと幸運を呼び、恋愛運アップ。また、太った指に無理に指輪をはめると、愛が壊れ、金運もダウンするので注意。

ローズクォーツ　恋愛運

持つ人に自信と優しさを与える、愛と美の石。恋愛に前向きになり、髪や肌もキレイに。

ピンクトルマリン　出会い運

理想のパートナーを招く石。思いやりや愛情表現をサポートしてくれます。

パール　女性の幸せ

女性の魅力や優しさを高め、ストレスから守ってくれます。妊娠や出産のお守りにも◎。

完璧

ピンクサファイア　玉の輿運

ステータスを高めるサファイアは、ピンクだと格の高い人との縁を運んでくれます。

ダイヤはチャンスも与えてくれます

ダイヤモンド　全体運

持つ人に強い輝きを与え、あらゆる運を向上させます。災いから守ってくれる力も。

ラピスラズリ　願望実現

幸運を招き、夢の実現をサポート。自分を磨き、大きく成長したい人にオススメ。

エメラルド　対人運

周りとの協調性を高め、心身のバランスを取ってくれる石。幸せな結婚や浮気防止にも◎。

シトリン　金運

物質面・精神面の両方に豊かさをもたらし、人生の満足度を高めます。仕事運もアップ。

ルビーは情熱的な恋愛・仕事の成功に◎

バッグ・ベルト

ファッション小物で足りない運を補充

バッグやベルトは、形や素材で得られる運が異なります。運の入れ物になるバッグは、大きめで安定感があるものがオススメ。重すぎたり傷んでいると運が下がるので注意。スカーフなど、長いものを結ぶと恋愛運アップ。ベーシックなデザインのバッグには、欲しい運のモチーフ（→P106～）のチャームをつけるのも効果的です。ベルトも、欲しい運に合わせて使い分けましょう。

バッグ・ベルトのポイント

良い運が入るよう、バッグの中身は整理していつもキレイに。バッグと靴で、色や雰囲気を合わせるのも◎。

素材ごとの運を活用

カゴのバッグは縁をつなぐ効果あり。キラキラ素材のバッグは出会い運と美容運を上げます。

季節に合う素材も運気を上げます

出会い運はラウンド型、愛情運は横長や筒型のバッグが◎。

結婚運
仕事運

欲しい運でベルトを替える

継続・安定を表すベルト。細く女性らしいものは結婚運、かっちりした四角いバックルは仕事運に◎。

腕時計・携帯電話

出会いと縁につながる2アイテムを大事に

腕時計をしないと時の運が得られず、出会い運や発展運を落とします。腕時計は自分のステータスを表すので、チープなものは避け、質のいいものを身につけましょう。

携帯電話は縁や情報、チャンスをつなぐ重要なもの。日々使うものなので本体の色はもちろん、カバーやアクセサリーの色（→P98〜）、モチーフ（→P106〜）にこだわり、運を高めましょう。

腕時計・携帯電話のポイント

腕時計はゴールドなら右手に、シルバーなら左手につけると運をより吸収できます。

恋愛運にはブレスタイプ

ブレスレット型の腕時計は手元に風の気を起こし、良縁を運びます。アクセサリー感覚で身につけて。

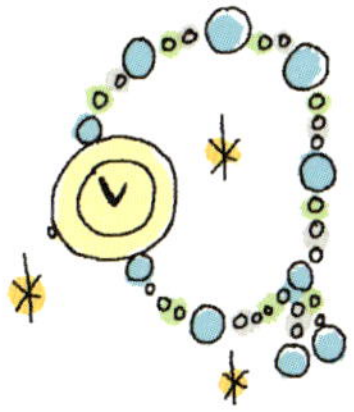

キレイな石つきだとトラブルを回避できます

腕時計の形はラウンド・オーバル型（楕円形）だと対人運、スクエアだと仕事運アップ。トノー型（樽形）は両方に効果的。

携帯に新しさをプラス

古い携帯は出会い運がダウン。新しい機種にしたり、待ち受け画面を変えて縁を呼びましょう。

開運モチーフ

ファッション・小物のモチーフや模様で、欲しい運を補充しましょう。色の力(→ P98 ～)と組み合わせて使うとさらに効果的。

フラワー

女性の運全般をサポート。大きな花は華やかさをもたらし、小花は出会い運と美容運をアップ。

中身が抜けていないものがオススメ

ハート

愛情面でいい変化をもたらし、恋愛に前向きになれます。現状を変えたい人にもオススメ。

リボン

縁を結ぶ力が強く、恋人や大切な人との絆を深めます。結婚につながる出会いをもたらす力も。

クローバー

三つ葉は成長や発展をもたらします。四つ葉は出会い運を上げ、いい人間関係を築いてくれます。

ボーダーはやる気や成長を促し、ストライプは人間関係をスムーズに。チェックは健康運・金運を変化させ、ドットは物事の流れが良くなります。

リーフ

成長や発展を促し、今ある縁をいい方向へ導きます。若々しくなり、美容運もアップ。

フルーツ

実りの象徴で、金運を上げます。恋人との仲を深め、結婚へ導く効果も。

月

女性の魅力を高め、豊かな運を引き寄せます。悪い恋愛をクリアにする力も持っています。

星

出会いとチャンスをもたらします。持つ人の魅力や才能を引き出し、スターのように輝かせます。

蝶

変容を表し、華やかさや美しさをもたらします。ダイエットもサポート。

キー

「キーがないと大事なものが開かない」というふうに、大切な人や仕事での特別な存在になれます。

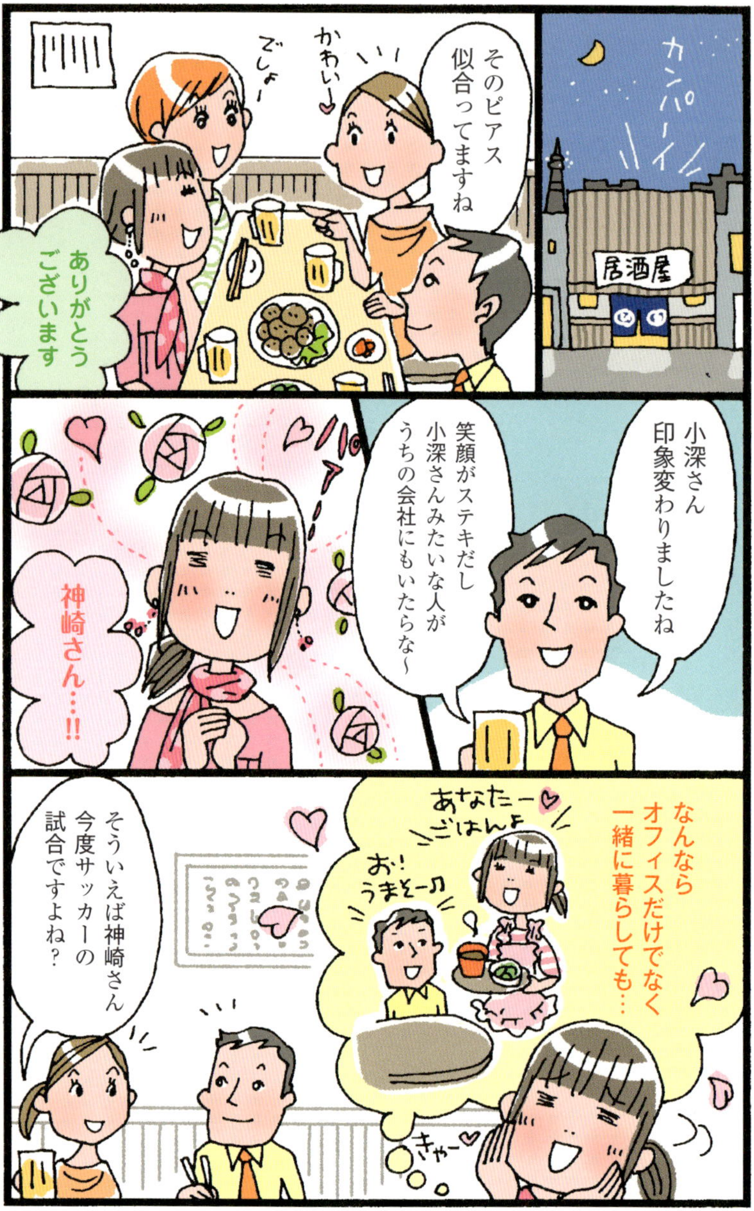
カンパーイ
居酒屋
そのピアス似合ってますね
かわいい♪
でしょー
ありがとうございます
小深さん印象変わりましたね
笑顔がステキだし小深さんみたいな人がうちの会社にもいたらな～
神崎さん…!!
なんならオフィスだけでなく一緒に暮らしても…
あなたーごはんよ
お！うまそー♪
きゃー♡
そういえば神崎さん今度サッカーの試合ですよね？

ああ
再来週の日曜…
キラーン
私たちも
応援に行って
いいですか?
えっ!?
もちろん
ぜひ来てください
よっしゃ!!
さすが…
最近キレイに
なりましたねー
Hair Salon
えへへ
ありがとう
ございます
ヘアカットにも
風水の力を借りるのよ
髪は水の気を持つ
重要なパーツ
ヘアスタイルを
まめに変えると
愛情面にいい変化ありよ
水の気 = 女性らしさ
恋愛運
フェロモン
UP!!
はい
できましたよ

ふんわりヘアは陽の気が高まって明るい＆愛され体質になれるわ
ありがとうございました
髪切って心もかる～い
そうだ！今度の応援に着ていく服買おうかな～
あ、あの…
えっ
あ、あんたはっ！
元カレの…
やっぱり真知！
違う人かと思ったよー

ボクやっぱり真知がいないとダメだよう～
うっ
どよ～ん
まってー
来ないでー!!
悪縁を絶つにはコレよ
逃げきった
ぜいぜい
1 香りを変える
心変わりしたと思わせる
2 ヒールの高さを変える
相手に違和感を与えられる
よっと…
それは高すぎるんじゃ…
厚底ブーツ?
ゼッタイ縁切ってやる!!
どんっ
どんっ

美人風水

日々の習慣を見直し
風水的美人を目指そう

普段使う言葉や話し方、表情や姿勢、生活習慣や行動も、運に大きな影響を与えます。前向きで明るい振る舞いを心がけると、運が良くなるだけでなく、周りからの印象をプラスに変えられる効果も。心がけ一つでお金も時間もかけずにいい変化を生み出せるので、ポイントを押さえて日々実践していきましょう。

良い姿勢で運を上げる

キレイに伸びた背筋は、運のめぐりをスムーズにします。姿勢が悪いと気の流れが滞り、運気ダウンに。特にデスクワークなどで長時間座っていると姿勢が崩れがちなので、休憩時間にストレッチでほぐし、姿勢を整えましょう。

背筋が伸びる
クッションも
オススメ

部屋の中心で理想実現

家や部屋の中心は、最も気が集まりやすく、夢を叶える力があります。なりたい自分や憧れの人に関わるもの（写真など）を中心に置くと、そのイメージが実現しやすくなります。結婚したい人は、結婚情報誌やドレスのカタログを置くのも効果的。

目指せ
セレブ

美人風水のポイント

前向きな気持ちは良い運を引き寄せます。悪いこと・問題点より、いいこと・解決策に目を向けるクセをつけましょう。

前向きな言葉を使う

いい言葉を使えば良運が、悪い言葉を使えば悪運が寄ってきます。悪い言葉は使わず、悪口などには同調しないようにしましょう。

笑顔で明るく話す

語尾を上げ、ハキハキ話すと運気アップ。いい言葉も語尾が下がったり声のトーンが低いと、言葉の力（言霊）が生かせないので注意。

感謝やほめ言葉はすぐ伝える

周りへの感謝や相手のいいところは言葉にしてすぐ伝えましょう。目を見て伝えると言霊の力も高まり、お互いの運が上がります。

思いついたら即行動

待ちや受け身の姿勢は、運の停滞を招きます。小さな一歩でも行動に移すことが大切。チャンスや幸運に恵まれやすくなります。

言葉にしたことはその通りになります。夢や目標は具体的な言葉にし、書いたり話したりして言霊の力を引き出し、実現力を高めましょう。

風水ヘア

キレイでツヤのある髪がいい恋愛を招く

水の気を持つ髪は、女性の恋愛運を大きく左右します。髪の傷みは縁に悪影響を及ぼすので、日々のケアでツヤや潤いをキープしましょう。

また、嫌なことが続いている時は髪を切るのがオススメ。長さを変えたくない時は、毛先をほんの少しカットするだけでも悪い気がリセットできます。

額は出会い運・金運に◎

額は気の入口で社交性を表し、眉間は人との縁を司ります。前髪があるとやわらかく女性らしい雰囲気になりますが、重すぎると出会い運や金運を逃すので注意。前髪を上げて額を出すと出会い運が上がり、社会的な成功にもつながります。

額の産毛を剃り
眉間にハイライトを
入れると運気アップ

耳を出して対人運アップ

情報を司るパーツの耳を出すと、新しい情報や世の中の動きがキャッチしやすくなり、対人運アップ。耳を隠すスタイルは、自分の時間を大切にしたい人にオススメですが、社交的な場に出る時は耳を出すなど、場に応じてアレンジすると◎。

流行に敏感になり
時の運を味方に
できる効果も

ヘアスタイルごとの風水効果

髪の長さやカラーで得られる運が異なります。定期的にスタイルを変えたり、流行を取り入れたりすると、時の運を味方にできます。

恋愛には長めのピアスやネックレスを

ショート

こまめに髪を切ることになり、運の再生クールが早くなります。過去をリセットし、新しい出会いやチャンスが欲しい人にオススメ。

ロング

輪郭が隠れやすく、控えめで女性らしい雰囲気に。髪には念がこもりやすく、長いと感受性が高くなります。レイヤーで軽さも出して。

ウェーブ

風の気が生じ、出会い運アップ。陽の気で明るい雰囲気になり、新しい恋や仕事を引き寄せます。カラーを明るめにすると効果倍増。

ストレート

愛情と美しさを豊かにしてくれます。アイデアや想像力を高めたい人にも◎。毛先が内巻きだと、自分を引き上げる恋に出会えます。

自然な茶髪は明るい印象になり対人運アップ。黒髪は芯の強さをもたらしますが、重すぎると威厳が出て近づきがたい雰囲気になるので注意。

風水メイク

メイク一つで運が変化
流行を取り入れて開運

顔は運の状態や生命力を表すパーツ。顔の印象で、その人がどんな運に恵まれるのかが決まります。

足りない運の補充に、メイクの力を活用しましょう。また、いつも同じメイクでは恋愛運が上がりません。流行の色やメイクを取り入れて変化をつけると恋愛運アップに効果的。流行を意識すると時の運もつかめます。

古いコスメはすぐ処分

古いコスメは容姿をくすませ、美容運に悪影響。高価なものでも、古くなったものは処分を。紫の袋に入れて捨てると、その後の自分の美しさをより輝かせることができます。感謝の気持ちを込め、「ありがとう」と言ってから捨てましょう。

耳たぶで運気上昇

パール入りのピンクのパウダーを耳たぶにつけると、恋愛運アップ。さらにゴールドやシルバーのパウダーを加えると、ハイクラスな男性との縁に恵まれます。ゴールドのパウダーは、転職・出世・財運アップ。シルバーのパウダーは自信を与え、失恋や過去の辛い恋の克服に効果的。

パーツ別・風水メイクのポイント

ベースメイクは天然素材のものが肌にやさしく、水の気を高めて恋愛運を上げます。アイラインを強調すると仕事運がアップ。

ベースメイクで運気アップ

シミやくすみをコンシーラーで隠し、明るいベースカラーと額のハイライトで肌を美しく見せましょう。

眉でチャンス運と行動力アップ

顔の骨格に沿ったナチュラルなアーチで、細すぎず太すぎず、少し長めに整えましょう。眉山に少し角をつけると仕事運アップ。

目尻にピンク・赤のシャドーを入れると恋愛運アップ

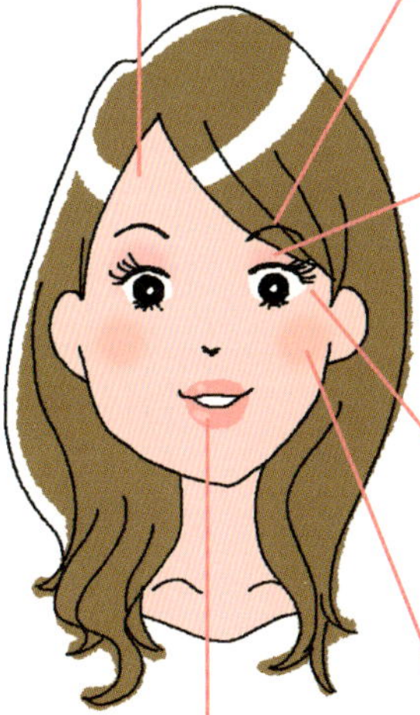

明るいアイメイクが恋に効く

恋愛運にはライトピンク、出会い運にはライトグリーン、金運にはゴールドがオススメ。秋冬にブルーは恋愛運を冷やすので注意。

マスカラで華やかさをプラス

目力の強さは人を惹きつけます。上向きのまつげでセンターにボリュームを持たせると、出会い運が上がります。

つややかリップで魅力倍増

上唇は出会い運、下唇は愛情運を司ります。特にグロスで潤った下唇は、女性としての魅力を高めます。上唇は輪郭を描くと◎。

ふんわりチークで愛され体質に

頬骨の一番高いところにチークを丸く入れると幸運を招きます。結婚運は少し下の方が◎。恋愛運はピンク、人気運はオレンジが効果的。

風水ネイル

爪のキレイさが素敵な出会いをもたらす

縁は爪先や手先から呼び込まれるので、そこをキレイに保つことが恋愛運アップの重要ポイント。ケアはもちろん、ネイルで色やモチーフの力を取り入れると欲しい運が得られます。季節やＴＰＯに合わせて楽しむと、チャンスにも強くなれます。

縁を呼ぶネイルアート

ハンドネイルは即効で運を上げます。ネイルアートで色（→Ｐ98～）やデザイン、モチーフ（→Ｐ106～）の力を使うと、指先の風の気が強まり、豊かな縁に恵まれます。特に人差し指（出会い運）と小指（恋愛運）にネイルアートをすると効果大。

フットネイルで運を定着

フットネイルは色（→Ｐ98～）・モチーフ（→Ｐ106～）が持つ運とともに大地の気を吸収し、効果はゆっくりですが良い運がしっかり定着します。特に秋冬に足下をキレイにすると◎。見えない部分をキレイにすることが、恋愛運アップの秘訣です。

恋愛運には
白×ピンク！

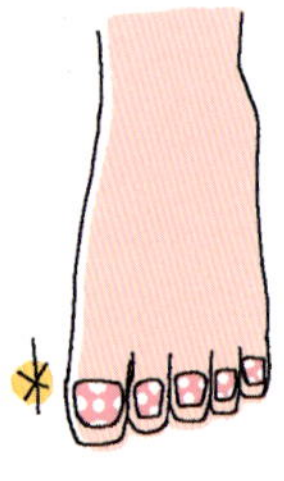

ネイルごとの効果

欲しい運の石（→ P103）をつけるのもオススメです。

効果でネイルを使い分け

マットは良い運を継続させ、パールは運に緩やかな変化を促します。ラメは強力に変化を促しますが、ギラギラしないよう上品に。

上品なラメは出会い運と・美容運に効果的

運気別・オススメカラーとモチーフ

恋愛	ピンクや花・ハートモチーフ。出会いにはオレンジも。
結婚	実りを表す果物モチーフ、ほどけないヒモなしリボン。
美容	パステルグリーンをフットネイルに使うと代謝アップ。
お金	ゴールド、ベージュ、パステルイエロー。丸いモチーフが◎。
仕事	緑、ライトブルー。ペールトーンやパステルカラーが効果的。

運が上がるネイルアート

白×ピンクがオススメ

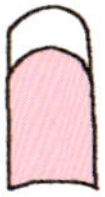

フレンチ

曲線が運気を上昇。ステータスを上げ、格の高い縁を呼びます。

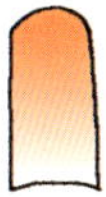

グラデーション

気の滞りを解消し、運気をスムーズにします。

キラキラ光るもの

ラインストーンやブリオンなど、光るものは美容運アップ。

香り風水

香りを身につけて恋愛運を強力にアップ

女性に幸せな縁を運ぶ香り。インテリアやファッションに取り入れると、出会いを強力に引き寄せてくれます。

ファッションと同じように、香りも欲しい運で使い分けるのがポイント。いつも同じものを使うのではなく、好みの香りをベースに、違うものを取り入れてみると縁の運気がアップします。

日常で香りを携帯する

香りは風の気を持つので、服の袖やスカートの裾、手元や足など、風を起こす場所につけると効果的。香水がNGの場では、携帯用アトマイザーでバッグに入れたり、ハンカチや下着に染み込ませて身につけましょう。

香りで空間を浄化

気持ちをリフレッシュしたい時はルームリフレッシャーをかけましょう。空間が浄化され、香りの効果が広がります。

材料

- **無水エタノール…5㎖**
- **好きな精油…6滴**
- **精製水…25㎖**

作り方

スプレーにエタノールと精油を入れ、振り混ぜる。精製水を加え、混ぜて完成。使う時はよく振ってから空間に吹きかけましょう。

香りの活用方法

精油を携帯し、外出先でも気軽に風水効果を楽しみましょう。

お風呂の蒸気で香りを広げる

浴室のドアを開け、湯船に精油を垂らし、熱めのお湯を注ぎましょう。蒸気で香りが広がり、部屋の空気を浄化できます。

枕元に香りを広げて安眠

コップにお湯を入れ、精油を垂らして枕元に置けば、香りが広がりリラックスして眠れます。

香りの効果

香りは好きなものや欲しい運で選びましょう。ボトルのデザインやパッケージを含め、なりたい自分のイメージに合うものを選ぶのもオススメ。

恋愛運（フローラル系）	ローズ、ゼラニウム、ジャスミン、スズラン、カモミール、ラベンダー、ネロリ、リリー
金運（フルーティ系）	ピーチ、アップル、ストロベリー
仕事運・健康運（柑橘系）	オレンジ、レモン、グレープフルーツ、ライム、ベルガモット、マンダリン

香水のボトルは丸形だと楽しみごと、背が高いものだと成長や発展をもたらします。

第3章　食事・金運風水

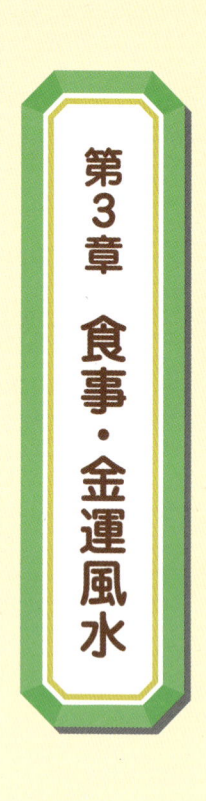

おいしい食事で開運体質に！

お金や財布の風水ポイントを押さえれば

セレブも夢じゃない？

もうすぐ試合か〜
ぐつぐつ
私いいこと思いついたんだけど
お弁当でハートもゲット作戦!!
モテごはん
何それ…
試合といえばお弁当でしょ！
サッカーボールおむすび
おいしいお弁当の差し入れで神崎さんの心を射止めるのよ☆
どうぞ
おいしそう
そんなうまくいくかなぁ
私料理下手だし…

風美さんが言ってたの
同じものを食べると同じ細胞ができて仲が深まるって！
そーなの!!
手作り弁当や鍋を一緒に食べれば
その人と両思いになれるのよ！
それで私もせっせとご飯をつくって…
？
なに？
これよ
どーん
えっ
まさか!?
ついにプロポーズされたの
研究に研究を重ねたモテ風水・食事編よ！
ぜひ伝授を！
明日香 モテのカギ
男心は胃袋でつかめ！

恋愛ファッションで長いもの（↓P93）が出てきたけど
麺
長いも
ねぎ
ごぼう
食べ物も同じで長いものが恋愛運を上げるの
麺類＋ピンクの明太パスタもいいよ
大好き♡
白には「育む」っていう意味があるから
クリームシチュー
クリームパスタ
クリーム系の食べ物は仲を深める効果ありよ
好きな人と仲良くなるのにオススメはカレーよりシチューね
カレーは仕事運に効くの
へ〜
乳製品のミルクやアイスも効くよ
じゃあデザートはアイスにしよっ
すみませーん
menu

社員食堂
ねえねえ
つくりすぎちゃって…
食べてくれない？
どーん
じゃあ…
パクッ
…おいしい
ほんと？
こっちも味見してくれる？
お茶もどうぞ
じゃあ…
ゴクッ
わっ大丈夫!?
どーしたの!?
どんっ
に、にが…
香りのするお茶が恋愛運アップって聞いたから…
混ぜまくったの…これじゃ毒茶よ
うへ…

食風水

食の豊かさが運に直結
体も心も満たす工夫を

食事は栄養とともに、様々な運と豊かさをもたらしてくれます。ただバランスよく食べるだけでなく、食材や調理法・食べる環境を工夫し、運の吸収率を高めることが食風水のポイント。旬のものを食べるなど、季節感を取り入れると、強力な時の運も得られます。

楽しく食べることが大切

体だけでなく心も満足するような食事ができると、運がぐんと良くなります。オススメは家族や友人、恋人と一緒に食事を楽しむこと。1人で食べる時も器やテーブルコーディネートにこだわったり、心地よい音楽をかけると運気アップ。

家族との食事を
楽しむと
運のベースが安定

良い水で浄化と運気向上

体の約7割は水でできており、水で運が大きく変わります。飲み水や料理に使う水は、浄水器を通したものやミネラルウォーターなど良質なものを。自分の吉方位（→Ｐ176～）が原産地の水を飲むと、そこに旅行に行くのと同じ効果が得られます。

キレイな水は
金運・美容運アップ

食べる環境のポイント

食事中は食べ物の栄養や運と一緒に、周りの環境がもたらす運も吸収します。周りをキレイに整え、小物の素材や形で運の吸収率アップを。

食卓はいつもキレイに

ダイニングテーブルが不用なものであふれていると、金運や健康運がダウン。キレイに片付け、生花や植物を飾ると運が上がります。

天板がガラスのテーブルは
布を敷くと◎

季節感のあるものを
使うとさらに効果的

ランチョンマットで運を強化

食べ物の持つ運を取り入れやすくし、運の土台を強化します。コットンやリネン・木製・竹製など、天然素材のものがオススメ。

テーブルは四角・楕円が効果的

土の気を持つ四角か、充実の運気を司る楕円形だと運が定着します。恋人との仲を深めたい人は、小さな丸テーブルが効果的です。

丸いテーブルは
四角のマットで
土の気を補充すると◎

環境音楽やクラシックなど、食事中に心地よい音楽を流すと、食べ物から得られる運が高まります。キャンドルで雰囲気を変えるのも効果的です。

食器・カトラリーの選び方

毎日使う食器や箸は、運の吸収に重要なアイテム。普段から質のいい器やお気に入りのものを使うと、豊かな運が得られます。

出世運にはワンランク上の食器

普段づかいの食器にいいものを使うと、出世運がアップ。また、土でできた和食器には、女性の運を上げる効果があります。

器はメニューや季節に合わせて

夏は涼しげなガラス、冬はぬくもりある陶器など、季節やメニューで器を替えるとチャンスに恵まれやすくなり、運気が充実します。

季節感のある箸置きを使うとチャンスに恵まれます

高級な箸で格を上げる

箸は使う人のステータスを表します。特に家の主人は高級感のある箸が◎。箸やカトラリーは食器棚の引き出しにきちんと収納して。

安っぽい食器や好きじゃないものは健康運ダウン

欠けた食器や安いものは処分を

壊れた食器には悪い気が宿り、人間関係のヒビや不幸を呼び寄せます。また、安っぽい食器は自分の格を下げるので、できれば替えて。

古い食器を捨てる場合は、塩と日本酒を振り、「ありがとう」と感謝の言葉を伝えてから捨てましょう。箸・カトラリーの捨て方はP40を参照。

運を上げる食べ方

旬のものを食べるとチャンスに恵まれます。やる気を高める果物や生野菜を積極的に食べるのも◎。

きちんとしたお皿や箸を使う

買ってきたパックのままや割り箸ではなく、きちんとした食器と箸で食べると、食べ物から得られる運が上がります。

ながら食べは運が停滞

「仕事片手に」「テレビを見ながら」食べると、新しい気が入りにくくなります。食事中は食事に集中し、味わって食べましょう。

盛りつけにひと工夫

飾りにミントを添えたり、ご飯を型抜きしたりと、目でも楽しめる食事にすると運気倍増。少し大きめのお皿で、高級感を出すのも◎。

メニューに変化をつける

いつも同じものを食べていると、楽しみごとや豊かさを逃します。和食・洋食・イタリアンなど、食に変化をつけ様々な運の吸収を。

「おいしい」「幸せ」と感じられるものを最後に食べると、充実の運気が得られ、豊かさや楽しみごとに恵まれます。食後にデザートを食べると金運アップ。

食風水❶ 恋愛運

長いものが縁を呼び白いものが関係を育む

恋愛運には「長いもの」「白いもの」「香りがするもの」がオススメ。結婚運・家庭運には、根菜類や煮込み料理、鍋、味噌、クリーム系の料理がオススメで、特に根菜類の煮物は家庭運に効果的。

これらの食材・メニューを普段からまめに食べて、恋愛運を高めましょう。好きな人と一緒に食べれば、恋愛運アップとともに仲も深まり、効果倍増です。

自家製ハーブで縁結び

ハーブを使った料理は出会いをもたらし、今ある縁を発展させてくれる力があります。特に自分で育てたハーブは運を強力にサポート。水洗いしたハーブに熱湯を注ぎ、ハーブティーを楽しむのも恋愛運アップに◎。

初心者にオススメ!
ローズマリー
バジル
ミント

赤いもので燃える恋を

エビやトマト、赤パプリカなどの赤いものは健康と情熱をもたらし、燃えるような恋ができます。熱くなりすぎないよう、ハーブティーや乳製品と一緒に食べると◎。赤い野菜はスープや温野菜で食べるのがオススメ。

辛いものは
仕事運もアップ

恋愛運アップレシピ❶ 大根の明太マヨサラダ

明太子と大根は、ピンク×白の恋愛運最強コンビ！

材　料
明太子…1腹
大根…10cm
刻みのり…適量

A
- マヨネーズ…大さじ2
- レモン汁…小さじ1
- 塩・こしょう…少々

作り方
1 大根をせん切りにし、塩（分量外）をもみ込みます。
2 明太子はスプーンで皮からかき出してほぐし、Aと合わせます。
3 1についた塩を洗って水気を絞り、2と合わせ、のりを飾ります。

※お好みでしょうゆを足してもOK。

細長い大根がご縁を呼びます

恋愛運アップレシピ❷ 豆乳味噌クリームパスタ

パスタと味噌が恋愛運・結婚運を上げます。豆乳を使うので美肌効果も。

材　料
パスタ…200g
ベーコン…4枚
タマネギ…1/2個
しめじ…1/2袋

A
- 豆乳…150mℓ
- 味噌…大さじ1
- 鶏ガラスープのもと…小さじ1/2

塩・こしょう…少々

作り方
1 パスタをパッケージの表示より1分短くゆでます。
2 フライパンに油（分量外）を熱し、1.5cm幅に切ったベーコンを炒め、色づいたらスライスしたタマネギとしめじを入れて炒めます。
3 2にAを入れて2分煮ます。1を加え、塩・こしょうで味をととのえます。

ゆでたブロッコリーを
加えると才能・健康に◎

※レシピは2人分、またはつくりやすい分量で掲載しています。

食風水❷ 美容運

色の鮮やかな食べ物で美しさと若さをキープ

美容運に効くのは見た目が鮮やかな甲殻類。代謝を良くし、健やかで美しい肌と体をつくります。ショウガ・ネギ・大葉・ニラ・ニンニクなどの薬味は、デトックス効果が期待できます。

また、緑の食材は木の気を持ち、若さを保つのに効果的。色の鮮やかな食材を組み合わせて、肌をイキイキさせましょう。

美容運に効く食材

・魚介類

エビ・カニ・貝は美貌と才能に効果絶大。勘も冴えます。サバは美しさと若さをもたらし、鮭はダイエットに効果的で結婚運・家庭運もアップ。

・野菜

キュウリ・レタスなどがオススメ。トマトは恋愛運もアップ。

・果物

チェリーは美容・ダイエットに◎。女性らしさをアピールし、出会い運もアップ。桃も女性をキレイにする力があります。

サラダのW効果

恋愛運・金運・仕事運アップの食材に、レタスなどの葉物の野菜を加えてサラダにすると、他の運と一緒に美容運も上がります。また、それをサンドイッチにして好きな人と一緒に食べると、包み込む温かな気が伝わり、仲が深まります。

美容運アップレシピ❶ エビと野菜の美肌サラダ

美容運アップの食材がぎっしり。サーモンを加えるとさらに効果的。

材　料

エビ…6 尾
アボカド…1 個
プチトマト…5 個
キュウリ…1/4 本

A
- マヨネーズ…大さじ 2
- ワサビ…少々
- 塩・こしょう…少々
- しょうゆ…お好みで

作り方

1 エビの背に包丁を入れ、背ワタを取ってゆで、水気を切ります。アボカドは半分に切って種を出し、中身を出してつぶします。プチトマトは半分に、キュウリは輪切りにします。

2 1 に A を加えてあえます。

※レタスと一緒にサンドイッチの具にするのもオススメ。

アボカドの皮に盛ると見た目もオシャレ

美容運アップレシピ❷ サバのピリ辛味噌煮

サバは味噌煮だと結婚運・健康運もアップ。辛さを加えダイエット効果も。

材　料

サバ…2 切れ
ショウガ…1 かけ

A
- 味噌…大さじ 1
- コチュジャン…大さじ 1
- 酒…大さじ 1
- 砂糖…小さじ 1
- 水…200㎖

作り方

1 鍋に A を入れ、煮立たせます。

2 1 に皮を下にしたサバ、せん切りにしたショウガを入れ、煮汁をかけます。落としぶたをして 10 分煮ます。

ゆでた小松菜を添えるとさらに美容運アップ

※レシピは 2 人分、またはつくりやすい分量で掲載しています。

食風水③ 金運

スイーツや果物で楽しく金運を高める

お金は甘いものが大好き。カロリーが気になる人やダイエット中の人も、食後に甘いものを一口味わうと金運を上げられます。また、米からできているせんべいは仕事運を高め、金運にも効果的です。

金運アップ

金運に効く食材

・甘いもの

チョコレートや小豆、カスタードのスイーツが特に効果的。ハチミツを調味料として使うと◎。

・果物

桃・メロンは悪い金運をリセット。ブドウは豊かさを招き、洋梨は貯蓄運アップ。

・黄色いもの

カボチャは金の気があり、クリームや牛乳と合わせるとさらに金運アップ。とうもろこし、いなり寿司もオススメ。

鶏・豚・牛肉の金運効果

鶏肉は現金収入に効果的（卵も同じ効果あり）で、炒めものやローストにするとさらに運気アップ。豚肉は仕事運を高め、収入アップに結びつきます。貯蓄運を上げたい人は牛肉がオススメ。揚げ物にしたり、野菜を巻くと効果的です。

鶏肉と卵で
ピカタにすると
貯蓄運にも◎

金運アップレシピ❶ 小豆バナナミルク

小豆のやさしい甘さに金の気を持つバナナを合わせ、効果倍増！

材　料　バナナ…1本　牛乳…400㎖
ゆで小豆（缶）…大さじ4

作り方
1 バナナの皮をむき、2cm幅に切ります。
2 1と残りの材料を全てミキサーに入れてかくはんします。

ハチミツを入れるとさらに金運アップ
HONEY

金運アップレシピ❷ カボチャとチキンのクリーム煮

金の気を持つカボチャクリームと、現金収入に効く鶏肉で金運アップ。

材　料
鶏もも肉…200g
カボチャ…1/4個
タマネギ…1/2個
しめじ…1/2袋
A［牛乳…200㎖
　 固形コンソメ…1個
塩・こしょう…少々

作り方
1 鶏肉と野菜を食べやすい大きさに切ります。
2 フライパンに油(分量外)を熱し、鶏肉を炒めます。両面焼けたら野菜を入れて炒めます。
3 2にAを入れ、カボチャがやわらかくなるまで煮ます。塩・こしょうで味をととのえます。

バジルを散らすと出会い運も上がるよ

※レシピは2人分、またはつくりやすい分量で掲載しています。

食風水④ 仕事運

魚・根菜類・豆が重要 和食が特にオススメ

仕事運には才能やチャンスに恵まれる魚介類がオススメ。特にお寿司は魚介と酸味が同時にとれ、運を強力に上げます。仕事運にはマグロなどの赤身、恋愛運にはタイなどの白身を食べましょう。

また、根菜類・豆類も仕事運を上げるので、これらが多く取れる和食を食べると効果的です。

仕事運に効く食材

・**魚介類**

エビやカニなどの甲殻類はチャンスを呼び、美容運にも◎。牡蠣《かき》は仕事や人間関係をスムーズに。

・**根菜類**

努力を実らせる力があります。

・**豆類**

集中力を高め、脳の活性化にも。

・**辛いもの**

カレーは金運もアップ。

・**酸っぱいもの**

柑橘系の果物や梅干し、酢、酸味のあるドレッシングなど。ヨーグルトは対人運もアップ。

食べ物で勝負運アップ

試験やプレゼンなどの勝負ごとには、エビ・カニなどの甲殻類で直感や才能を引き出し、根菜類で忍耐強く勉強に励みましょう。試験などの当日は、白くて丸いおまんじゅうや巻き寿司・果物など、包まれているものを食べると勝負運が上がります。

仕事運アップレシピ❶ エビと豆のカラフルマリネ

エビと豆の酸っぱいマリネで、仕事運をサポート。

材　料
エビ…8尾
ミックスビーンズ（水煮）…50g
酒…小さじ1
片栗粉…小さじ1

A
- オリーブオイル…大さじ2
- 酢…大さじ1
- 砂糖…小さじ1
- 塩・こしょう…少々

作り方
1 エビの背に包丁を入れ、背ワタを取ります。酒・片栗粉をまぶし、熱湯でゆでます。

2 Aに粗熱を取った**1**とミックスビーンズを混ぜ、冷蔵庫で冷やします。

ゆでたレンコンを加えると効果倍増

仕事運アップレシピ❷ 根菜と豆のキーマカレー

ひき肉は仕事運を高める豚肉がオススメ。

材　料
豚ひき肉…200g
ゴボウ…1/2本
レンコン…50g
タマネギ…1/2個

A
- 枝豆（むき身）…30g
- カレールウ…1/2箱
- 水…400mℓ

ご飯…適量

作り方
1 フライパンに油（分量外）を熱し、みじん切りにしたタマネギを炒め、透明になったらひき肉を加えます。

2 ひき肉に火が通ったら、1cm角に切ったゴボウ・レンコンを加えて炒めます。

3 **2**にAを加えて10分煮込み、ご飯にかけます。

※レシピは2人分、またはつくりやすい分量で掲載しています。

開運スイーツ＆ドリンク

様々な運を上げるスイーツやドリンク。季節に合うものだとさらに効果的。家族や友人・恋人と一緒に楽しく味わうと運気倍増！

イチゴのショートケーキ

イチゴには始まりをサポートする力があります。新しい出会いが欲しい人に特にオススメ。

フルーツタルト

幸せな縁、特に結婚に結びつく縁を招きます。季節のフルーツを選ぶと物事がスムーズに進みます。

ロールケーキ

丸い形が、恋愛運・結婚運・家庭運・対人運をアップ。季節の果物入りだと効果倍増です。

チョコレート

悪運をリセットし、金運アップ。ホワイト・イチゴチョコの白×ピンクの組み合わせは恋愛運にも◎。

ミルクを使ったスイーツは女性らしさを高め、恋愛を充実させます。オレンジのスイーツは出会い運を高め、マンゴーは絆を深める力があります。

フレーバーティーも
恋愛運に効果的

紅茶

縁や継続の運気をもたらします。ミルクティーは恋愛を充実させ、レモンティーはやる気と仕事運アップ。

コーヒー・カフェオレ

安定の運気をもたらします。スイーツと一緒に楽しむと、素敵な恋愛や楽しみごとを招きます。

ハーブティー

様々な出会いに恵まれます。特にローズヒップやハイビスカスは恋愛に発展する出会いをサポート。

パイナップルは
恋人との仲を深めます

フルーツジュース

フレッシュジュースだと効果倍増。オレンジ（出会い運）、桃（恋愛運）、バナナ（金運）がオススメ。

赤ワインは
出会い運もアップ

ビール・ワイン

ビールは対人運アップ。赤ワインは男性のステータス、女性の運全般をサポート。白ワインは浄化に◎。

自分の吉方位
（→P176～）の
お酒も運気に◎

梅酒・日本酒・焼酎

梅酒は楽しみごとを招き、ソーダ割りが結婚運に◎。日本酒や焼酎も結婚運に効果的です。

明日試合なんです
楽しみ♪
RRR
神崎さん急な仕事で試合に行けなくなったって
そうなの～
また今度飲み会を企画するからごめんねって
わかったありがと
せっかく服も買ったのに…
また次に期待しましょ
でも…実は最近色々と買い物しすぎてお財布がさみしいんです
キラーン
来たっ!!
開運のカギあり!!
お!! 久々!!
これよ!
開運のカギ
お財布はお金の家キレイに掃除せよ!

お金も
私たちと同じで
キレイな場所が
好きなの
レシートやカードで
パンパンになってたり
ひ〜〜
汚れたお財布だと
すぐお金が
出ていっちゃうわ
パン
パン
きたなーい
にげろ
長財布だとお札が
折れずに入って
くつろぐそうよ
くつろぐ？
お金は人やお店を渡って
旅をしているものなの
いい おさいふ
あそこ いいよ
今度いこー!!
へー
居心地のいいお財布だと
支払いで手放した後も
他のお金にいい噂を流して
お財布まで運んでくれるのよ
真っ黄色は金運も招くけど
お金が落ち着かず浪費しがちよ
そうかも…
パステルイエローは
楽しみながら
お金が増やせるし
マスタードなら
土の気が混ざって
お金が安定するわ

お財布の色と効果
他にもこんな色がオススメよ
ピンク
人からの協力でお金が増える。女性にオススメ。
ベージュ
お金を生み出し安定して貯められる。男女ともに◎。
オレンジ
実りの色で財運アップ。
ゴールド
お財布の王様。金の気を高めて財を与えてくれる。
白
育む力があり貯蓄運アップ。
黒
今あるお金・金運をキープできる。格を上げるので男性に◎。
青はお金を流す 赤は財運を燃やすので注意よ
気をつけよう
お札が触れるところが黄色だと金運アップよ
黄色の紙を1枚入れるのでもOK!!

金運が上がると
玉の輿にも乗れるわ
ほんと!?
自分の金運が上がると
それと同じレベルの人に
出会いやすくなるの
金運UP
ひきよせ
真知さん
ひきよせ
玉の輿に乗りたい人は
金運と恋愛運を
一緒に上げるといいわ
あ!
ケーキ
いかがですか?
甘いものは
裕福の象徴
スイーツを食べると
金運アップよ
そうなの!?
じゃあ
あれも
これも
食べ過ぎて贅肉を
引き寄せないようにね…
ダイエット中は
ひとくちでもOKよ
しあわせ♡

金運風水

お金を楽しく使うことが金運アップのカギ

「金運がいい」とは、ただお金をたくさん持っているということではありません。日々の生活や心を豊かにするためにお金を使えるゆとりがあり、それによってお金がうまく循環し、使うほどにお金と幸せに満たされていくことです。

日常のちょっとした心がけで金運は上がります。お金の使い方や生活習慣に気をつけて、お金と幸せを手に入れましょう。

楽しく使ってお金持ちに

風水では「楽しい」「幸せ」なことに使ったお金は、めぐりめぐってその人のもとに返ると考えられています。楽しくお金を使うほど、お金が増えていくという金運サイクルに入れます。ただし、なんとなくの散財や欲張っての浪費では効果がないので注意。

生きたお金を使う

生活や心を豊かにするための「生き金」を使うと、お金が循環してまた戻ってきます。金額の大小は関係なく、使ったことに満足できることが生き金のポイント。一方「付き合いで」「なんとなく」使った「死に金」は、消えていくのみ。生き金を使うよう心がけて。

使ったお金を
後悔するのも
金運にマイナス

金運ダウンの原因

お金がすぐ消える、貯まらない人は、まず自分の環境や生活習慣をチェックし、改善しましょう。急に太るのも金運ダウンのサインです。

ケチ・節約しすぎ

貯金に執着してケチったり、無理な節約はお金を遠ざけます。特に豊かさの象徴である食費の切り詰めは大幅な金運ダウンに。

お金や人に対してネガティブ

「大切なのはお金じゃない」「私は貧乏」など、お金に否定的な考えを持ったり、人の悪口ばかり言う人にはお金は寄ってきません。

汚部屋・不潔な体と生活

人の目につきにくい場所の汚れは、お金が消えていく原因に。部屋だけでなく、指や爪の間・脇・耳の後ろなど、体の汚れにも注意。

お金関係のものをキッチンに置く

財布や通帳・金庫など、お金に関わるものをキッチンの近くに置くのはNG。キッチンの火の気が金運を燃やしてしまいます。

地面や床は人に力を与えるとともに、汚れや厄もつきやすい場所。そこにバッグを置くと中の財布に厄がつき金運ダウン。バッグはイスや棚の上に置いて。

お金に好かれる方法

使う言葉や考え方を前向きにするだけで、誰でもお金に好かれる体質になれます。

払う時も笑顔で
ありがとうと言うと◎

お金を愛し、大切にする

お金は、好いてくれる人のもとに集まる性質があります。「お金があると幸せ、楽しい」と素直に喜び、感謝して大切に使いましょう。

楽しいことや自分磨きに使う

なんとなくの浪費をやめ、自分が好きなこと、豊かになることにお金を積極的に使うと、循環が良くなり新しいお金が入ってきます。

お金を好きになるということは、お金に肯定的な気持ちを持つということ。
「お金のことだけ考える」「お金を得るのにガツガツする」のとは違います。

コーヒーのごちそうなど
ちょっとしたことでOK

人のために使う

家族や友人の喜びのためにお金を使うと、感謝とお金に恵まれます。プレゼントや寄付などすると◎。金額の大小は関係ありません。

嬉しいことはすぐ
口にすると金運アップ

前向きな言葉と笑顔を心がける

「ありがとう」「運がいい」「嬉しい」「幸せ」などの前向きな言葉を言う人や、いつも楽しくニコニコしている人がお金に好かれます。

金運に効く掃除方法

金運に最も影響を与えるキッチンは、特にキレイに掃除しましょう。

電化製品の裏の
ホコリも金運ダウンに

スペース以上の収納もNG

水場と冷蔵庫をキレイに

キッチン・お風呂・トイレの汚れは浪費に、食材の無駄は貯まらない体質につながります。期限切れの食材は捨て、冷蔵庫内もキレイに。

収納の整理をきちんと

土の気を持つ収納スペースが整理されていないと、お金を生む力、貯める力がダウン。不用品を捨て、キレイな収納を心がけて。

インテリアで金運アップ

黄・オレンジ・ピンクの暖色系が金運に効果的。ただし、黄色を多用すると金運が落ち着かないので注意しましょう。

気が集まる家の中央に
金庫を置くのもOK

西→北東→北の流れが重要

金運は西から入り、北東で変化し、北で貯まります。西に黄・山吹・ゴールド、北東に白×黄のものを置き、北に金庫を置くと◎。

西にキラキラ光るものを置く

クリスタルやサンキャッチャー、シャンデリアなど、西に光るものを置くと金運アップ。西に窓がある場合は散財に注意（→ P64）。

金運体質になれるボディケア

髪・肌・歯のケアを丁寧にし、キレイに保つとお金に好かれます。

頭頂部を指の腹で軽く押すのも◎

髪と頭皮をキレイに

頭皮の皮脂の詰まりはお金の流れを妨げるので、マッサージやヘッドスパで髪とともにキレイに。

十分な保湿でみずみずしい肌に

乾燥・脂性肌は金運がダウン。保湿とケアを大切に。入浴後にデコルテにクリームを塗るのも◎。

歯は金の気を持つパーツで、質のいいケア用品で磨くと金運アップ。ピーチの香りの歯磨き粉は良い縁を招き、ローズは女性の運全般をサポート。

ヘアスタイルのポイント

丸みを帯びたスタイルが金運アップに効果的です。

巻き髪でお金を呼び込む

内向きのカールはお金の循環を促し、新しいお金を招きます。ツヤがあることが重要です。

ツヤのある整髪料はＯＫ

男性は清潔感を重視

長すぎず、短すぎないのが◎。整髪料はハードでにおいのきついものは避け、軽い質感のものを。

斜めに流した前髪は、お金の循環をスムーズにします。額は前髪で隠すより、キレイにケアして出す方が金運に効果的です。

お金を呼ぶファッション

白・茶色のベースに、パステルイエローやクリーム色を足すとお金が貯まりやすくなります。

ふんわりニットも
オススメ

本物でなくてもいいので
ゴールドの色を身につけて

丸みのある服が金の気をアップ

ラウンドネックやパフスリーブ、バルーンスカートなど、丸いファッションが◎。細身でスマートな服は仕事運に効果的です。

小物を加えて金運を高める

大きめのアクセサリーやストールなど、飾るものを増やすと豊かさがアップします。ジュエリーはゴールドがオススメ。

金運に効くメイク

丸くふんわりしたメイクは、金運とともに愛情運もアップします。

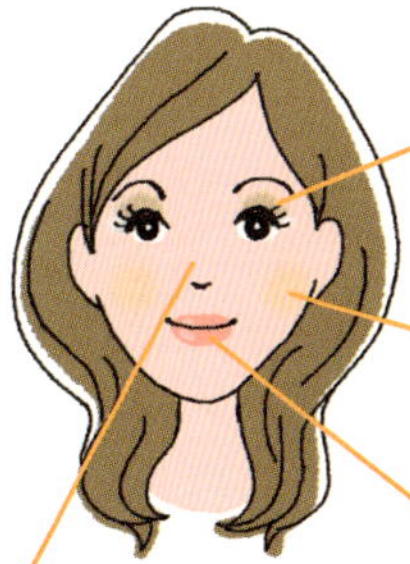

丸いアイメイクで金運上昇

ベージュのベースにゴールドを足すと◎。目尻に白は財運アップ。あまりキラキラし過ぎないように。

チークでふんわり頬

やや下の方にオレンジ系のチークを入れると金運アップ。

ハイライトで鼻筋を強調

鼻筋は金の気のパーツ。テカリを取り、白いハイライトを入れて。

大きな唇は豊かな金運の象徴

ルージュやグロスで潤いを足し、下唇を少し大きく描くと効果的。

金運財布

財布との付き合い方が金運を大きく左右する

財布はお金を保管し生み出す重要アイテム。持つ人の金運はもちろん、ステータスも左右します。

キレイで居心地のいい財布には、お金がどんどん集まります。一方、窮屈で汚れている財布だとお金はすぐに出ていってしまいます。キレイに整理し、丁寧に扱って金運を高めましょう。

春か秋に買うのがベスト

春は「張る財布」で新しく金運を育ててくれます。秋は土の気から金の気へ移る実りの季節なので、この時期に買った財布は豊かさを呼び込んでくれます。

ワインレッドや茶・黒の財布だと貯蓄運アップ

金運が上がる買い方

吉方位（→Ｐ１７６〜）に行って財布を買うと、その後も良い運に恵まれます。特に北や北東が吉方位の時に、そこに行って財布を買うと貯蓄運がアップ。カードが８枚入り、小銭入れが別になっているものがオススメ。

お札と小銭で
財布を分けると
お金が貯まります

財布の使い方のポイント

財布は「お金の家」。お金が心地よく過ごせるよう、いつもスッキリとキレイな状態にしましょう。

お札はそろえて入れる

お札を種類ごとに分け、向きをそろえて入れましょう。お金持ちの人と交換したお札を「種銭」として入れておくと、お金が増えます。

レシートや領収書はその日のうちに出して

多すぎるカードはお金を追い出すので注意

カードは末広がりの8枚が吉

4枚だと人間関係運、6枚だと株やギャンブル運がアップ。カードは黄・ゴールド・白がオススメで、赤・青が多いと浪費しがちです。

お金以外のものは入れない

お守りを入れるのはOKですが、宝くじは家で保管を。亡くなった人やペットの写真をお金と一緒にするのは失礼なので避けて。

週に一度は財布の中身を全部出し、固く絞った布で汚れを拭きましょう。

財布の保管方法

バッグに財布を入れっぱなしにしていると、バッグの動の気でお金がすぐに出ていってしまいます。帰宅後は財布を保管場所に移しましょう。

北の暗い場所がベスト

お金は暗い場所で増える性質があります。貯蓄運を司る北の暗い場所で保管するのがオススメ。特に寝室の北側が金運アップに最適。

お金専用のスペースに保管

ふた付きの箱か、財布専用の引き出しなどで保管しましょう。通帳など、お金に関するものは一緒に入れても OK です。

通帳をコットンかシルクの布に包んで保管すると、さらに金運アップ。白・黄・ピンクの布だと効果倍増です。

月光浴で金運アップ

満月の夜に財布の中を月の光に当てると金運が上がります。お札を新札にするとさらに効果的。

財布の捨て方

財布の寿命は1000日（約３年）。それを過ぎるとお金を生む力が消え、金運ダウンに。新しいものに替えると、入ってくるお金も増えます。

感謝しながら捨てる

財布に塩と日本酒を振り、紫色の袋や白い箱に入れて捨てます。「ありがとう」と感謝の言葉をかけて捨てましょう。

吉方位の旅行先で捨てる

吉方位で新しい財布を買い、古い財布を宿泊先のゴミ箱に捨てると金運アップ。紙に包み、わからないようにして捨てましょう。

運のいい財布は捨てなくてOK

金運に恵まれた財布を黄色の布にくるんで北の収納スペースに保管すると、その後も良い金運を運んでくれます。

第4章　仕事風水

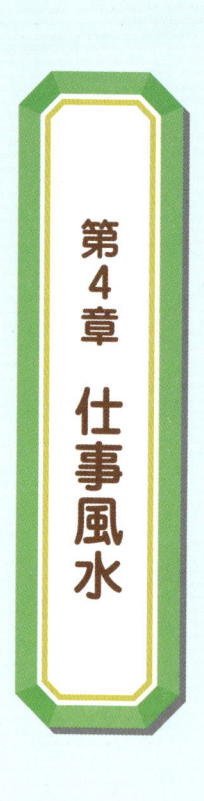

オフィスでも風水を使って

仕事や人間関係をスムーズにし

デキるオンナを目指しましょう！

うふふ♪
新しいお財布大事にしよ～
あ、真知さーん
神崎さん？
先日はすみませんでした
こんにちは
ラッキー♡
今度一緒にお仕事させていただくことになって
来月B社のHP制作のプレゼンに出るんだ！
すごい！大手じゃん！
キャーッ
チャンス到来よ
うふ♡
打ち合わせしてくるね
明日香頑張ってる…
よしっ
今度は私が応援する番！

失礼しま…
ぐぬ
わっ
ふらふら
大丈夫ですか?
ひょいっ
あ…ありがとう
あれ?ここ明日香さんのデスクじゃ…
忙しくて片付ける暇もないみたいだから私が…
掃除は僕が…
いいの♪
ちょっとのことだし
お掃除好きなんですか?
ゴミ回収しますね
ええ、まあ…
かつては汚部屋にいたなんて言えない…

明日香がプレゼンに向けて頑張ってるの
デスクをキレイにすると仕事運が上がるって聞いたから
少しでも応援したいなって
ブルースターは仕事運、才能の発揮に効果あり
…
でもいつもこの会社をキレイにしてくれるのはあなただよね
おかげで仕事もはかどるよ
ありがとう
……
…僕、今月でこの仕事終わるんです
えっ転職？
…
ええ、まぁ…
そうだ!!
変化なら北東がカギ！

白と黄、四角いものを置くといいんだよ
そうなんですか
白と黄のチェックの布をかけるだけでも効果あり
転職や引越しでいいチャンスを呼んでくれるよ
カレーうどんも!
カレーは仕事運アップ 麺は良縁を呼ぶから転職に効果的だよ!
営業さんにもおススメ♫
ぽかーん
…
はっ
ごめん、いいこと聞いたからつい…
いえ…
小深ー
あなたならきっといい仕事できるよ!
はーい!!
すみませーん
行きまーす
バタバタ
……
ニコッ

仕事風水

仕事風水の最初の一歩はインテリアと小物から

仕事は自分の生活の基盤をつくる大切なもの。風水を使って仕事運を上げると、日々の仕事がスムーズに進むようになり、新しい出会いやチャンス、成長の機会にも恵まれ、生活全般が豊かになっていきます。インテリアやファッション、小物などの身近なところから風水を取り入れましょう。

仕事は先手必勝がカギ

どんなことでも「待ち」の姿勢では、チャンスや運をつかめません。特に仕事では、自分から積極的に行動していくことが運気アップにつながります。朝は早起きし、午前中に集中して仕事を進めると、１日の流れがスムーズになります。

11時までは
メールや情報収集が
オススメ

試験・勝負ごとへの風水

勉強期間中はコツコツ集中できる北に向かって勉強し、試験直前に南向きに変えると才能が開花します。机の両隣に背の高い植物を置くとさらに効果的。当日は赤鉛筆か赤ボールペンを３本持っていくと運が上がります（筆記に使わなくてＯＫ）。

ドット柄を使うと
勘が冴えます

インテリアで仕事運アップ

家の主人の運を司る北西を仕事部屋にすると、仕事がはかどり出世運アップ。仕事の服を南東に置くと人間関係が良くなり、いい仕事につながります。

北西に仕事・神仏のものを置く

仕事や神仏・親族・上司に関わるものを置くと仕事運アップ。丸くて白いものを6個置くのも◎。

東に情報機器を置く

東にテレビやパソコン、携帯電話などを置くと、有益な情報が得られやすくなります。

仕事運に効くファッション

動きやすく軽やかなスタイルが、いい出会いと仕事を招きます。

バッグはステータスにつながるので軽い素材できちんとしたものを

動きやすいパンツスタイル

タイトに見える、カチッとしたスタイルがオススメ。スカートならタイトが◎。素材は体を締めつけないストレッチだと行動力アップ。

靴は安定感のあるものを

ローヒールだと歩きやすく、仕事運アップ。TPOを踏まえつつ、流行をほどよく取り入れると、時の運も味方にできます。

筆記用具・印鑑・腕時計のポイント

オフィス小物はそれに見合うレベルの仕事を招きます。特に自分のステータスに直結するペンは、チープなものより上質なものを選びましょう。

筆記用具は高級なものを

メタル・シルバーの筆記用具は集中力を上げます。白・緑・青は仕事をスムーズに進め、赤やオレンジは発想力を高めます。

ローズクォーツはファッション・美容関係の仕事にも◎

上質な印鑑で財運アップ

少し大きめで、天然石や木製の印鑑が、財運アップに◎。女性は名前でつくると、結婚などで苗字が変わっても使えてオススメ。

印鑑には水晶・ヒスイ（成功・事業運）、タイガーアイ（金運）、シトリン（金運・健康運）、ローズクォーツ（対人運）、ラピスラズリ（幸運を呼ぶ）などが◎。

腕時計でチャンスをつかむ

高級な腕時計はチャンスをもたらし、持ち主のステータスを上げます。女性はブレスレットと合わせて二連にすると出会い運アップ。

P105も参考に

名刺入れ・パスケース・手帳のポイント

青は仕事運、赤は才能運、オレンジは出会い運、緑は対人運アップ。ピンクはサポートに恵まれ、ゴールドやシルバーは運気を増幅します。

1年ほどで買い替え
いつもキレイなものを

名刺入れはいつもキレイに

第一印象を決める名刺入れ。汚いと信頼されず出世運ダウン。名刺は「自分の顔」なので、カードなど別のものと一緒にしないように。

いただいた名刺はすぐファイルするのが基本ですが、目標にしたい人や運のいい人の名刺を１週間名刺入れに入れると、その人の気を吸収できます。

パスケースはテイストをそろえて

財布やバッグなど、他の小物とテイストをそろえると、仕事運にプラス。モチーフ（→ P106 ～）で欲しい運を高めるのも◎。

吉方位（→P176～）で
買ったペンを使うのも◎

手帳の色で運を補充

カバーの色を自分の欲しい運で選ぶと運気アップ（→ P98 ～）。仕事用で色が選びにくい場合は、中にその色の紙をはさんでも OK。

夢や目標を叶えたい日のところに書くと実現力アップ。その日に実現しなくても自分の運に貯蓄されるので、繰り返し書くと◎。反省を書くと運がダウン。

オフィス環境・過ごし方

キレイな環境と方位の活用で仕事運アップ

フルタイム勤務なら、1日の1／3近くの時間を過ごすオフィス環境。その環境や過ごし方が、プライベートにも大きく影響します。オフィスは特に書類や資料が溜まりやすいので、まめに掃除し仕事も運もスムーズに。また、座る位置や方角が様々な影響を及ぼすので、欲しい運の方を向いて仕事するなど、ちょっとした工夫で仕事の効率と質を上げましょう。

キレイな机は結婚に◎

引き出しの中と机の下がキレイだと、仕事運に加え結婚運もアップ。月に一度は引き出しの中身を出し、拭き掃除をしましょう。机の下も、不用なものは置かず、いつもキレイに。

古い書類はすぐに処分

古い新聞や雑誌、不用な資料は、発展運・成長運を妨げます。定期的に見直し、不用な書類は処分して、いつもスッキリした環境にしましょう。うまくいかなかった仕事の資料を捨てると、いいアイデアがわきやすくなります。

席と方位の関係

席そのものの移動が難しい場合、事務系の仕事は北向き、企画系の仕事は南向きなど、仕事内容に合う方位を向いて座るだけでもOKです。

北　貯蓄や事務仕事に効果的

金庫や経理課があると、無駄な出費を抑え、売り上げアップ。
コツコツ努力するのにも効果的なので、事務職の席にするのもオススメ。

北西　会社の業績を握る

主人の方位。社長や管理職の席があると会社全体の運が上がり、経営が順調に。

北東　キレイさが運を上昇

倉庫や書庫など、ものを収納するスペースに最適。人の出入りが少ない静かな空間にすると開運に◎。

西　来客といい関係に

応接室にすると来客と落ち着いて話せます。社員のスペースにすると気がゆるみがちになるので注意。

東　仕事を発展させる

営業職の席があると、営業成績や売り上げがアップ。会議をするとやる気を高められます。

南　企画・アイデアを生む

直感や才能が高まるので、企画職や開発職向き。企画会議をするとアイデアが出やすくなります。

南東　人間関係を育む

談話室など、社員の交流の場にすると関係が良好に。会議室にすれば有益な情報を交換できます。

運を左右する席の位置

人の視線や気配を感じやすい席の配置は、気を激しく消耗します。鏡や植物、パーテーションなどで緩和しましょう。

上司以外の視線を
受ける場合も同じ対処を

背中に上司がいる席

視線が気になると緊張して疲れがちに。机の隅に鏡を置き、受ける気をはね返して。鏡で笑顔の練習もすれば運にもプラス。

背中にドアがある席

人の出入りが多く、背中に視線を感じ、気を消耗しがち。机に植物を置いたり、視界内に盛り塩を置いて気の消耗を防ぎましょう。

背中に柱の角

仕事運・健康運が落ちるので、植物を置いて角をカバーしましょう。体を少しずらして座り、角に背中を向けないようにするのも◎。

気まずい…

気の合わない人と向かい合わせ

正面で向き合う席は緊張しやすく、誤解を生む恐れも。パーテーションやファイル・書類を立て、ミニ植物で区切りをつくりましょう。

仕事運が高まるデスク環境

デスク環境は仕事運・勉強運に影響大。不用なものは片付け、作業しやすい空間に。座る人のベースを築くイスは、クッションで座り心地よくして。

左上の電話で情報に強くなる

電話を左上に置くと情報が得られやすくなります。ホコリや手垢で汚れていると人間関係にマイナスをもたらすので、いつもキレイに。

書類は立てて整理する

積み上がった書類はこれまでの努力や業績を台無しにしてしまいます。きちんと立ててファイリングし、不用な書類はすぐに処分を。

光る小物で直感力アップ

パソコン付近にガラスやクリスタルの小物を置くと、やる気や直感力が高まり、いいアイデアが浮かびます。

植物や生花で良い気を広げる

目に入る場所や窓辺に植物を飾ると、仕事の発展を招きます。まっすぐ上に伸びるミリオンバンブーがコンパクトでオススメ。

右にピンク（女子力アップ、かわいい女性になれる）・黄（金運）、左に青（仕事運）・赤（健康運）を取り入れるとそれぞれの運がアップします。

パソコン管理で運気アップ

緑色やリーフ柄、木製など、木の気を持つパソコングッズが仕事運に◎。からんだコードは人間関係を悪くするのでまとめて。

NG!!

デスクトップを整理整頓

不用なデータが大量にあると仕事運ダウン。データ整理はまめに。使いやすいようにフォルダにまとめると、仕事の効率も運もアップ。

不用な付箋はすぐ捨てて

パソコンに付箋がたくさん貼ってあると、気が散漫になり、集中力も効率もダウン。いらない付箋はすぐ捨てましょう。

デスクブラシで
まめに掃除すると◎

キーボードとモニターを掃除

手垢やホコリなどで汚れたキーボードやモニターは、運を停滞させます。使用後にさっと掃除し、いつもキレイにしましょう。

MAIL
季節の挨拶を添えると
相手との縁が深まります

メール整理で良縁と情報を得る

メールは人間関係を広げる重要ツール。不用なものやよくない内容のものは悪運を呼び、有益な情報をさえぎるので早めに削除を。

壁紙を毎月変えると、新しい運気が得られます。季節に合わせた壁紙だとチャンスにも恵まれやすくなります。

シーン別風水

仕事の各シーンでも風水を使うと、物事がスムーズに進みます。

目を見て笑顔で
話しましょう

初対面の人に会う

ファッションやアクセサリーなど、身につけるもののどこかに白を使うと、始まりの運気が高まり、好印象を与えられます。

ペン先を相手に向けるのは
「刺す」意味になるのでNG
NG
OK

苦手な人と距離を置きたい

間に花やペンを置いたり、足下に少し塩をまくと効果的。おちょこで小さく盛り塩するのも◎。紫の下着やアクセサリーも有効です。

イジメやパワハラには、自宅の北を暖色系で温め、南東に仕事関係のもの（会社に着ていく服・バッグなど）を置きましょう。乳製品を食べるのも◎。

額を出すと
アピール力アップ

自分の意見を伝えたい

赤（伝達力アップ）、ライトグリーン（やる気アップ）、紫（優位に立てる）を身につけると◎。下着で使うとさらに効果的です。

謝罪する

女性はパールのアクセサリー、男性はグリーントルマリンを持っていくと関係改善に◎。直筆の手紙は言霊の力で誠意がより伝わります。

職場の人との食事は、鍋やクリーム系の料理だと仲が深まり、魚介類だといいアイデアがわきます。ビールなど、炭酸の飲み物は厄落としに◎。

パァーン
女子旅うれしい～
キレイな水の気に触れると仕事運が上がるの
癒やしの湖
今回は明日香さんの吉方位を選んだから
吉方位？
風水では、旅行はその土地のエネルギーを吸収し欲しい運を高めるとされてるの
エネルギーチャージ
運気
人それぞれその年や月ごとにオススメの方角があるから（↓P182～）
私は今月西がいいの
狙って出かけると効果倍増よ
プレゼンに向けてしっかりチャージしようね！
ありがとう！
がんばるぞっ

きれーい!!
生き返るー
○○名水
よーし♪
仕事
恋愛
ねぇこのお店に寄っていい？
あとここも
旅
そこは明日にしましょう
風水では旅行の初日は23時までに宿に入るといいの
その土地に留まることになって運が吸収できるわ
へぇーー
2日目以降は関係ないけど初日はやっておきましょ
いらっしゃいませ
おねがいしまーす
おいしー♡

気持ちいい～
温泉には土地の生気が詰まってるから運のチャージに最適よ
ちょっとのぼせたかも～
先にあがるね
明日香うまくいくといいなぁ
きっと大丈夫よ ホント、真知さんは昔から励まし上手よね
昔？
…実は、私
小学校の同級生の太田風子なの
えっ？まさかB組のブー子!?
出会った時に気づいたんだけど言いそびれて…
結婚で苗字もかわったし「風美」は仕事用の名前なの
気づかなかった…だってこんなキレイに

これは風水の
おかげもあるけど
一番のきっかけは
真知ちゃんよ
え？
ザバッ
デブで引っ込み思案な私に
風子ちゃんは笑顔が素敵
って言ってくれたの
お♡
それから笑顔を
見せるようにしたら
少しずつ友達もできて…
その後、急な転校で
お礼が言えなくて…
ごめんね
でもおかげで
自分に自信が持てたの
だから今回の
風水レクチャーは
私からの恩返し
そうだったの…
ありがとう
風水効果もだけど
風子の変化は
努力の賜物だね
がらっ
努力も楽しくが大事ね
キャキャ
ハメの外しすぎ
には注意ね…
たのしー♡

吉方位《きちほうい》

吉方位で運を強力に吸収 方位に合う開運行動を

自分の家を起点に、開運に良い方位（吉方位）に旅行や引越しをすると、強力な開運効果が得られます。日々の風水で運を貯めてから吉方位に出かけると、運が一気に上がって夢が叶うことも。吉方位で欲しい運に合う行動をすれば、さらに強力な運気アップになります。月の吉方位の効果は4・7・10・13ヵ月後頃に出ます。また、「凶方位」は日々の運の貯金を落としてしまうので注意を。

吉方位の調べ方

吉方位は気学からきており、自分の本命星をもとに、年・月・日ごとの吉方位が決まります。また、その年で誰にとっても凶になる方位があるので、そこには行かないよう注意しましょう。

流派で多少異なるので
詳しく知りたい場合は
専門家に相談を

凶方位の注意ポイント

用事・仕事などで凶方位に行く場合は、極力日帰りにし、時間とお金に余裕を持って行きましょう。数名で出かける時は、その年の凶方位はまず避けて。全員共通の吉方位へ行けるとベストですが、無理な場合は該当する人が多い吉方位にしましょう。

家族旅行なら家長の
吉方位を優先して

吉方位でするといいこと

自分の家から 100km 以上離れたところへ行くのがベスト。吉方位では、その土地ならではのものを楽しむのが開運のカギです。

朝日を浴びる

日々の開運と同じで、吉方位に宿泊したら翌日は朝日を浴びて運をチャージしましょう。

現地のものを食べる

その土地の名産品や名物料理を食べると、土地の運を強力に吸収できます。湧き水も◎。季節のものを食べると効果倍増です。

外気に触れられる露天風呂が効果的

温泉に入る

自然の運気をより吸収しやすい源泉のかけ流しがオススメ。入浴後は水を一杯飲んで少し横になると、吸収した運が定着します。

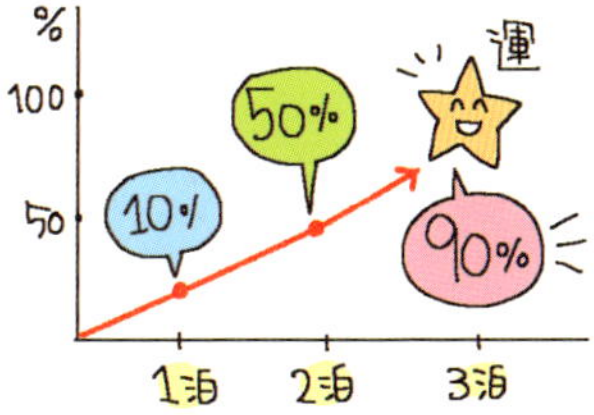

連泊で運を強力チャージ

1 泊は 10%、2 泊は 50%、3 泊は 90% も運が上昇。普段から運を貯めておくと、吉方位旅行で一気に花開く可能性大です。

引越しは運をリセットし、新しい運を得るのに効果的。特に吉方位への引越しは、たとえ数十 m の移動でも絶大な力を発揮します。

吉方位の効果と開運行動❶ 北

キレイな水が、恋愛や美容・人間関係を良好にします。

	得られる効果	開運行動
恋愛	愛情運アップ、モテる パートナーと仲が深まる キレイになる	キレイな水辺に行く、地下の店に行く 食クリーム系の料理、豆腐料理 白身の刺身、ミルクのデザート
お金	貯蓄運アップ 無駄がなくなる	安い旅をする、財布を買う
仕事	信頼を得られる 上司との関係が良好に サポートが得られる	大きな湖や穏やかな海を見たり、写真を撮る、森林浴をする 食黒豆、日本酒、白ワイン

吉方位の効果と開運行動❷ 北東

ホテルや旅館の高い階に泊まると運気倍増。立ち寄るだけでも◎

	得られる効果	開運行動
恋愛	恋愛面でのいい変化 恋愛運のリセット	新しい白の下着を身につけて出かける 高い場所（山の上など）から景色を見る 食リンゴ、ヨーグルト、さつまあげ
お金	不動産運アップ 財産が貯まる・相続する 跡継ぎに恵まれる	高いビルに登る 神社やお寺に参拝する 不動産めぐりをする
仕事	仕事面でのいい変化 転職運アップ 資格取得・スキルアップ	現地の食器を買う、陶芸体験をする 神社やお寺に参拝する 食ブドウ、数の子、イクラ、牛肉

吉方位の効果と開運行動❸ 東

音楽に関係する行動が開運につながります。

	得られる効果	開運行動
恋愛	若くて健康な相手と出会う スピード婚 若返ってキレイになる	コンサートやライブに行く ラブソングを聴く、恋愛映画を観る 食イチゴアイスのデザート
お金	PC・IT関係の有益情報や スキルを得て収入アップ 健康に働けて収入アップ	早起きをする 朝日を浴びる
仕事	仕事が発展する やる気・行動力アップ 向上心が高まる	CDショップに寄る、CDを買う 写真をたくさん撮る、朝日を浴びる 食お寿司、酸っぱいもの

吉方位の効果と開運行動❹ 南東

人の紹介で新しい出会いを得るなど、人との縁が開運をもたらします。

	得られる効果	開運行動
恋愛	出会い運・恋愛運・結婚 運アップ、人を介してい い出会いが得られる	アロマや香水を買う、ネイルケアをする 好きな人や友人にメールや電話をする 食パスタ、うなぎ、ハーブの料理
お金	人の縁がお金（円）を もたらす 有益な情報が得られる	友人や恋人・家族と一緒に食事をする 友人にメールや電話をする 海を見に行く
仕事	出会い・対人運アップ 仕事の縁が得られる 有益な情報が得られる	ストールやマフラー・ガラス製品を買う 柑橘系の香りをつける、駅・空港で写真撮影 食魚介類

※食は開運にオススメの食事です。

吉方位の効果と開運行動❺ 西

口に関すること（歌・歯痛など）が福に転じることも。

	得られる効果	開運行動
恋愛	楽しく、豊かな恋愛が できる 楽しみごとが増える	カラオケに行く、ジュエリーを買う 食事を楽しむ、古い下着を捨てる 食 甘いもの（特に季節のデザート）
お金	収入アップ 臨時収入が得られる お金持ちと縁ができる	楽しくお金を使う、飲みに行く 銀行へ行く 食 甘いもの
仕事	商売運アップ 社交性が増す 楽しみごとが増える	高級店に行く、有名なお寺に参拝する 銀行でお金をおろす、夕陽を見る 食 甘いもの、地ビール

吉方位の効果と開運行動❻ 北西

高級なものや場所を楽しむと、運気をグレードアップできます。

	得られる効果	開運行動
恋愛	玉の輿運アップ 生活レベルや女性として のステータスが上がる	高級レストランやブランドショップに行く 恋愛を司る神社に参拝する、募金する 食 コース料理、おまんじゅう
お金	ギャンブル運・株運アップ 臨時収入や棚ぼた収入 大きな財を築く	赤いもの・宝くじを買う ギャンブルをする
仕事	出世運・ステータス運 アップ 事業や独立をサポート	神社に参拝する、お守りを買う 美術館や博物館・お城をめぐる 食 コース料理、果物

吉方位の効果と開運行動⑦ 南

気になる人と旅行すると、良縁なら仲が深まり、悪縁なら別れます。

	得られる効果	開運行動
恋愛	美容運・ダイエット運・ 人気運・出会い運アップ 悪縁を絶ち、良縁を得る	ジュエリーショップやエステに行く 化粧品や靴・ピアス・メガネを買う 派手なメイクをする 食 魚介類
お金	才能やアイデアが仕事や 収入アップに結びつく （特に作家・モデル・画家）	靴・メガネを買う ジュエリーを身につける キラキラしたファッションをする
仕事	ステータス・人気運アップ 出世する 才能が開花する	本屋に行く、貴金属を買う 額を出す、ボディケアをする 食 スパークリングワイン

吉方位の効果と開運行動⑧ 南西

北や南西が吉方位だと、安くていいものが手に入ります。

	得られる効果	開運行動
恋愛	結婚運・家庭運・子宝運 アップ、今の縁が安定 する、絆が深まる	キッチングッズや日用雑貨、土でできたものを買う、キレイな景色を見る お茶を楽しむ 食 現地のフルーツ
お金	貯蓄運アップ	陶器の貯金箱を買う、家計簿をつける 定期預金を始める、銀行の口座を開く ※南西ではお金の開運行動がいい恋愛や仕事につながる効果も。
仕事	仕事が安定する 努力が実を結ぶ 周囲から信頼される	徒歩で観光する、足のケアをする 城下町をめぐる 食 根菜類、健康茶

※ 食 は開運にオススメの食事です。

吉方位一覧表

旅行や引越しに吉方位を取り入れると運が急上昇します。全員共通の凶方位は2/4の立春を境に変わります。

調べ方

❶ P182の本命星表で、自分の生まれ年から本命星を調べる
❷ P183～185の吉方位表で、自分の本命星から吉方位を調べる

本命星表

九紫 火星	八白 土星	七赤 金星	六白 金星	五黄 土星	四緑 木星	三碧 木星	二黒 土星	一白 水星
1937 (S12)	1938 (S13)	1939 (S14)	1940 (S15)	1941 (S16)	1942 (S17)	1943 (S18)	1944 (S19)	1936 (S11)
1946 (S21)	1947 (S22)	1948 (S23)	1949 (S24)	1950 (S25)	1951 (S26)	1952 (S27)	1953 (S28)	1945 (S20)
1955 (S30)	1956 (S31)	1957 (S32)	1958 (S33)	1959 (S34)	1960 (S35)	1961 (S36)	1962 (S37)	1954 (S29)
1964 (S39)	1965 (S40)	1966 (S41)	1967 (S42)	1968 (S43)	1969 (S44)	1970 (S45)	1971 (S46)	1963 (S38)
1973 (S48)	1974 (S49)	1975 (S50)	1976 (S51)	1977 (S52)	1978 (S53)	1979 (S54)	1980 (S55)	1972 (S47)
1982 (S57)	1983 (S58)	1984 (S59)	1985 (S60)	1986 (S61)	1987 (S62)	1988 (S63)	1989 (H1)	1981 (S56)
1991 (H3)	1992 (H4)	1993 (H5)	1994 (H6)	1995 (H7)	1996 (H8)	1997 (H9)	1998 (H10)	1990 (H2)
2000 (H12)	2001 (H13)	2002 (H14)	2003 (H15)	2004 (H16)	2005 (H17)	2006 (H18)	2007 (H19)	1999 (H11)
2009 (H21)	2010 (H22)	2011 (H23)	2012 (H24)	2013 (H25)	2014 (H26)	2015 (H27)	2016 (H28)	2008 (H20)

※ 1/1 ～ 2/4 に生まれた人は、生まれ年の前年の本命星になります。
（1936・1939・1940・1943・1944・1947・1948・1951・1952・1956・1960・1964・1968・1972・1976・1980・1984 年の場合、1/1 ～ 2/5 に生まれた人は前年の本命星になります）

例 1994 年の 2/3 生まれ→ 1993 年の本命星「七赤金星」になります

本命星別・吉方位表（赤字は大吉方位、黒字は吉方位。凶方位は全員共通のもの）

年	日付	三碧木星	二黒土星	一白水星	凶方位
2013年	1/5～	南	**北東**	北東	※
	2/4～	北・南	**南**／北・東・西	**西**／東	北西
	3/5～	**南東**／北東	東	北東・東・南東・南西	
	4/5～	南東	南東	**東**／北東・南西・西	
	5/5～	南東	東・南東・南・西	**南東**	
	6/5～	北東・南東・南西	南東	**南東**	
	7/7～	**南**／北	**西**	**東**／南西・西	
	8/7～	**北・南東・南**	**南・西**	**東・南東・西**	
	9/7～	**北**／南・南西	**南**／北	**西**	
	10/8～	北・南・南西	**南**／北	北東	
	11/7～	北・南	**南**／北・東・西	**西**／東	
	12/7～	**南東**／北東	東・西	**西**／北東・東・南東・南西	
2014年	1/5～	南東	南東	**東**／北東・西	
	2/4～	西	南	南	北・南東・北西
	3/6～	**南西**／北東	北東	なし	
	4/5～	東・南	**北東**	東・西	
	5/5～	南・南西	**南**	**西**／東	
	6/6～	**南西**	**北東・南**	**西**	
	7/7～	**南西**	**南**／南西	南	
	8/7～	東・西	**南**	**西**／南	
	9/8～	北東・南西	北東・南西	**西**	
	10/8～	なし	北東・南西	東・西	
	11/7～	西	南	南	
	12/7～	**南西**／北東	北東	なし	
2015年	1/6～	東・南	**北東**	東・西	
	2/4～	北・南東・南・北西	**南**／北	**北西**／南東	北東・東・西
	3/6～	**南西**／北	**北・南**／南西	南	
	4/5～	**南西**	**北・南・南西**	**南**	
	5/6～	なし	**北・南**	**南**／北	
	6/6～	南東・南西・北西	**南西**	南西・北西	
	7/7～	**北西**	**南西**	南西	
	8/8～	**北西**	北・南	**南**／北・南東・北西	
	9/8～	**南西**／北西	南西	北・南東・南・北西	
	10/8～	南	南西	南西	
	11/8～	北・南・南西・北西	**南**／北	**北西**	
	12/7～	**南西**／北	**北**／南西	なし	

※ 2013年 1/5～2/3の凶方位は南東・北西です。

吉方位一覧表

本命星別・吉方位表（赤字は大吉方位、黒字は吉方位。凶方位は全員共通のもの）

年	日付	六白金星	五黄土星	四緑木星	凶方位
2013年	1/5～	**北・南**	**北・北東**／南	北東・南	※
	2/4～	西	**南**／北・東・西	北・南	北西
	3/5～	**南西**／北東・東	**南西**／北東・東・南東	東	
	4/5～	**西**／東	**南西・西**／北東・東・南東	北東・東	
	5/5～	北	東・南東・南・西	東・西	
	6/5～	**北東**／南・南西	**南**／北東・南東・南西	南	
	7/7～	**北・西**／南・南西	**西**／北・南・南西	**南**／北・南西	
	8/7～	**北・南西・西**	**南・南西・西**	**北・東・南**	
	9/7～	**北東・南西**／北・南	**北東・南・西**／北・南西	**北**／南・南西	
	10/8～	**北**／南	**北東・南・南西**／北	北・南・南西	
	11/7～	西	**南**／北・東・西	北・南	
	12/7～	**南西**／北東・東・西	**南西**／北東・東・南東・西	東・西	
2014年	1/5～	**西**／東	**西**／北東・東・南東	北東・東	
	2/4～	南	**東**／南・西	西	北・南東・北西
	3/6～	**北東・南**／南西	**南**／北東	なし	
	4/5～	**南**／北東・南西	**北東・西**／東・南	**南西**／北東・南	
	5/5～	**北東・南西**／南	**北東・南・西**／東・南西	東・南・南西	
	6/6～	**北東・南・南西**	**北東・東・南・西**	**南西**	
	7/7～	**南**	**南**／南西	**南西**	
	8/7～	なし	**東・南**／西	なし	
	9/8～	**南西**／北東	北東・南西・西	西	
	10/8～	なし	**東・西**／北東・南西	北東・南西	
	11/7～	南	**東**／南・西	西	
	12/7～	**北東**／南西	北東	なし	
2015年	1/6～	**南**／北東	**北東・西**／東・南	北東・南	
	2/4～	**北**／南	**南**／北・南東・北西	北・南	北東・東・西
	3/6～	**南**／北	**北・南**／南西	**南西**／北	
	4/5～	**北・南東・南**	**北・南東・南・南西**	**南西**	
	5/6～	**南東**	**北・南**／南東	なし	
	6/6～	南東・北西	**南東・南西**／北西	なし	
	7/7～	**南東**／北西	**南東・南西**	南西	
	8/8～	**南東**／北・南	**南東**／北・南・北西	なし	
	9/8～	**南**／北	**南東・南**／北・南西・北西	北	
	10/8～	**北・南**	**北**／南・南西	**南西**／南	
	11/8～	**北**／南	**南・南西**／北・北西	北・南・南西	
	12/7～	北	**北**／南西	**南西**／北	

※ 2013年 1/5～2/3の凶方位は南東・北西です

本命星別・吉方位表（赤字は大吉方位、黒字は吉方位。凶方位は全員共通のもの）

年	期間	九紫火星	八白土星	七赤金星	凶方位
2013年	1/5～	**北**	**北東**	北東	※
2013年	2/4～	南東	**南**／北・東・西	南東	北西
2013年	3/5～	**北東・東**／南西	南東	なし	
2013年	4/5～	**北東・南東**／東・南西・西	**西**／東	**南西**／北東・南東	
2013年	5/5～	東	東・南東・南・西	北	
2013年	6/5～	**南西**／北東・南東	**南**	**北東**／南東・南・南西	
2013年	7/7～	**東**／西	北・南	**北**／南・南西	
2013年	8/7～	**東・南東・南西**	**南・西**	**北・南西**	
2013年	9/7～	北東・南西	**西**	北・南	
2013年	10/8～	なし	なし	**北東**／南西	
2013年	11/7～	なし	**南**／北・東・西	なし	
2013年	12/7～	**北東・東**／南西・西	南東	なし	
2014年	1/5～	**北東・南東**／東・西	**西**／東	北東・南東	
2014年	2/4～	東	**東**／西	**東・西**／南	北・南東・北西
2014年	3/6～	南西	北東	**南**	
2014年	4/5～	**東**／西	**北東**	**南・西**／東	
2014年	5/5～	**東**／北東・南西	**西**／東	南	
2014年	6/6～	**東**	**北東・東・西**	**東・南・西**	
2014年	7/7～	なし	南西	なし	
2014年	8/7～	なし	**東**／西	東・西	
2014年	9/8～	北東・西	北東・南西	西	
2014年	10/8～	北東・東・西	**東・西**／北東・南西	なし	
2014年	11/7～	東	**東**／西	**東・西**／南	
2014年	12/7～	南西	北東	なし	
2015年	1/6～	**東**／西	**北東**	**南・西**／東	
2015年	2/4～	**南東**／北西	南東・北西	南東・北西	北東・東・西
2015年	3/6～	なし	南西	なし	
2015年	4/5～	**北・南東**	**南東・南西**	**南東**	
2015年	5/6～	北・南東	南東	**南東**	
2015年	6/6～	なし	**南東・南西**／北西	南東・北西	
2015年	7/7～	**南東**／北西	**南西**	**南東**／南西・北西	
2015年	8/8～	**北**／南	**南東**／北西	なし	
2015年	9/8～	**北・北西**／南東・南	南西	**南東**／北西	
2015年	10/8～	**北**	南西	なし	
2015年	11/8～	北西	北西	南西・北西	
2015年	12/7～	なし	南西	なし	

※ 2013年 1/5～2/3の凶方位は南東・北西です。

うーん
プレゼンうまくいったかな～
そわそわ
ただいま戻りましたー
おかげさまで大成功!!
B社のHP制作が決まりました！
おおー!!
よかった!!
小深さんも資料整理など手伝ってくれてありがとう
いえっそんな…
また今度サッカーの試合があるんですが…
じゃあお弁当持って行きます！

嬉しいな 息子も喜ぶよ
…へ？
息子…？
言わなかったっけ？ 息子のサッカーの試合なんですよ
この子なんですの となりが妻で…
バムッ
ふぉっふぉっふぉ
若いモンは ええのう
しゃ、社長!!
大きな仕事決まってよかったのう ワシからも一つ報告がある
入っておいで
あれ？
長谷川くん？
清掃員の？
実はワシの孫じゃ
ええ!?

いい会社は
掃除が行き届いている
社長の教えを学ぶため
入社前に清掃員として
働いていたんです
笑うと同じところに
えくぼができるんじゃよ
ココ
正体がばれないよう
無愛想にしてたんだ…
まずは営業に
小深さん
今日の夜
空いてませんか?
え?
あの…
色々ありがとう
ございました
いえ…私
何も知らなくて
小深さんを見て
僕も会社のために
頑張ろうって思いました
きっと
いい社長さんに
なれますよ!
応援
します!!

…よかったら
仕事だけじゃなく
個人的にも応援して
もらえませんか？
え…
それって
僕は
真知さんみたいな人に
そばにいてほしいんです
私でよければ…
おめでとう!!
おっ
いつの間に!?
最初っからに
決まってるでしょ
私たちは真知ちゃんの
応援団なんだから
ぎゅ
…
一緒に、いっぱい
幸せつかもうね！

心とカラダが若返る！
美女ヂカラ
スキンケア・食事・運動など、お金も時間もかけずにできる簡単アンチエイジング法を紹介。

夢とお金をガッチリつかむ
金トレ!!
お金の貯め方、転職・結婚・住居の費用、保険・年金など、お金の全てがわかる１冊。

気持ちが分かればもっと仲良し！
犬ゴコロ
犬のサイン、トラブル対処、食事、健康管理などを紹介。愛犬との絆が深まります。

気持ちが分かればにゃんと幸せ！
猫ゴコロ
猫のサインや習性、飼い方、ケア方法などを紹介。猫との暮らしがますます楽しくなります。

[監修] 北野 貴子
国内航空会社にキャビンアテンダントとして勤務。その後、建築会社で社長秘書に従事する。建築会社勤務時代に仕事も兼ねて学んだ風水の知識を生かし、現在は婚活サポート企業、株式会社 IBJ でオフィシャルアドバイザーとして活躍中。恋愛や婚活の相談者に恋愛運アップのアドバイスも行っている。ラジオやテレビ、雑誌などメディアにも多数出演中。

[参考文献]
幸せをつかむ 恋愛風水（光文社）／運がよくなる 仕事風水（光文社）／悩みの原因を消して思いのままに！おはらい風水（泉書房）／３ステップ お片づけ風水（洋泉社）／幸せを呼ぶ インテリア風水（光文社）／やってはいけない風水（河出書房新社）／お金に好かれる！金運風水（ダイヤモンド社）／悪運をリセット！強運を呼び込む!! おそうじ風水（フォー・ユー）他

新しいワタシになる
女子風水

2012 年 12 月 25 日　初版
2013 年　2 月 14 日　再版

監修
北野 貴子

イラスト
すぎやま えみこ（PENGUIN BOOTS）

カバーデザイン
平井 秀和（Peace Graphics）

編集人
伊藤 光恵（リベラル社）

編集・デザイン
渡辺 靖子（リベラル社）

編　集　　リベラル社
発行者　　隅　田　直　樹
発行所　　株式会社　リベラル社
〒460-0008
名古屋市中区栄 3-7-9 新鏡栄ビル 8F
TEL 052-261-9101　FAX 052-261-9134
発　売　　株式会社　星雲社
〒112-0012
東京都文京区大塚 3-21-10
TEL 03-3947-1021
印刷・製本　株式会社　チューエツ

ISBN978-4-434-17479-7　115001
http://liberalsya.com